★ 유쾌 발랄 4컷 만화 → 표현력·어휘력·독해력 국어 3력 키우기 ★

# 놀면서 배우는 초등필수 사자성어

하유정 감수
초등국어연구소 지음
유희수 그림

KB201536

카시오페아
Cassiopeia

# 놀이하듯 즐겁고 재미있게 익히는
## 초등 필수 사자성어

어느 날, 복도 창가에 놓여 있던 화분이 떨어진 것을 발견했어요. 화분이 떨어진 복도는 흙투성이가 되어 엉망진창이었지요.

"누가 복도 창가에 놓여 있던 화분을 떨어뜨렸니?"

반 아이들은 주변을 두리번거리며 두 눈만 껌뻑거렸어요.

"너희들 표정을 보니 금시초문이구나."

"선생님, 이번 시간에 체육 수업하실 거예요?"

"묻는 말에 동문서답을 하다니, 화분을 떨어뜨린 걸 본 사람조차 없나 보다."

"선생님, 오늘따라 선생님 말씀을 잘 못 알아듣겠어요."

선생님의 말이 어렵게 느껴졌나요? 어렵게 느껴졌다면 어떤 말 때문인가요? 아마도 '금시초문', '동문서답'과 같은 말이 낯설고 어렵게 느껴졌을 거예요. 선생님 반 친구들도 '금시초문'이나 '동문서답'이 도통 무슨 뜻인지 모르겠다며 고개를 갸우뚱하더라고요.

엉망진창이 된 복도는 어떻게 되었냐고요? 화분 사건은 뒷전으로 밀린 채 갑자기 우리 반은 사자성어 이야기 속으로 빠졌답니다. 우리 친구들도 그 뜻이 궁금하지요?

'금시초문'은 이제 금(今), 때 시(時), 처음 초(初), 들을 문(聞), 이렇게 4개의 한자가 연결된 말이에요. 어떤 소식을 처음으로 들음을 이르는 말이지요. '동문서답'은 동녘 동(東), 물을 문(問), 서녘 서(西), 답할 답(答)으로, 동쪽을 묻는데 서쪽으로 대답한다, 즉 묻는 말에 전혀 맞지 않는 엉뚱한 대답을 말해요. 짧은 네 글자 속에 깊은 의미가 담겨 있지요?

이렇게 함축적이고 비유적인 의미가 담긴 말을 '성어'라고 해요. 특히 성어 중에서 4개의 글자로 이루어진 형태가 '사자성어'고요. 사자성어를 우리 친구들이 어렵다고 느끼는 건 아주 당연한 일이에요. 사자성어는 4개의 한자로 이루어진 말이라서 어른들도 낯설게 느낄 때가 가끔 있거든요.

그런데 이처럼 낯설고 어려운 사자성어를 왜 배워야 할까요?

우리는 한글을 사용하고 있지만, 놀랍게도 우리가 사용하는 단어의 약 70%가 한자어로 이루어져 있어요. 한자의 모양까지 익히지는 않더라도 글자가 가지는 뜻을 익혀 보세요. 50일 동안 익힌 사자성어 덕분에 많은 한자어가 어느새 내 머릿속에 남아 있을 거예요.

사자성어를 공부할 때는 속뜻을 알아보기 전에 먼저 한자를 보고 그 뜻을 유추해 보세요. 4개의 글자 속에 담긴 뜻을 이어 보면 '아, 그런 뜻이 숨어 있구나!'라는 감탄사가 절로 나올 거예요. 이렇게 공부하면 한자 실력은 물론이고 어휘력까지 키울 수 있답니다.

사자성어를 배우면 좋은 점이 하나 더 있어요. 구구절절 긴말을 늘어놓지 않아도 네 글자면 빠르고 간결하게 자기 생각을 표현할 수 있답니다. 내 생각을 간결하게 말하거나 글로 쓸 때, 사자성어를 활용해 보세요. 사자성어로 간략하게 말할 수 있다면 얼마나 멋질까요?

그러기 위해서는 상황에 알맞은 사자성어를 다양하게 알고 있어야겠지요? 『놀면서 배우는 초등 필수 사자성어』는 초등 친구들이 다양한 사자성어를 배우고 익히기에 정말 유익한 책이에요. 사자성어가 일상에서 어떻게 사용되는지 짧은 만화를 통해 쉽고 재미있게 알려 주거든요. 만화 속 귀여운 친구들이 사자성어를 어떻게 사용하는지 살펴보세요. 친구들의 대화를 읽다 보면 '이런 상황에는 이 사자성어가 잘 어울리는구나.'라고 생각해 볼 수 있어요.

매일매일 사자성어에 관한 문제를 풀 수 있는 것도 이 책의 큰 장점이에요. 배운 내용을 복습하는 퀴즈를 통해 문장 안에서 사자성어의 쓰임을 알아보고, 비슷한 뜻을 가진 속담과 관용 표현을 배우면 사자성어의 깊은 의미를 절로 이해하게 될 거예요. 마지막으로 다양한 글 속에서 사자성어를 어떻게 활용하는지 볼 수 있어, 독해력도 향상시킬 수 있답니다.

우리 하루에 10분씩만 투자하기로 약속해요. 이 책을 덮을 즈음에는 50개의 사자성어를 적재적소에 활용할 수 있을 거예요.

그러면 이제 네 글자로 이루어진 넓고 큰 세상, 사자성어 이야기 속으로 함께 떠나 볼까요?


– 하유정(초등 교사, 유튜브 '어디든학교' 운영)

## 시작하기 전에 이것만은 꼭!

✓ 가급적 아이와 '함께' 이 책을 활용해 주세요. 그러면 아이는 주 양육자와의 공부
시간을 즐거운 추억으로 기억할 수 있게 됩니다.

✓ 시간에 쫓기지 마세요. 다만, 공부 시간을 규칙적으로 확보해 주세요. 시간에 쫓기
며 하는 것보다는 여유로운 마음으로 해야 공부도 더 잘됩니다.

✓ 빨리할 때 칭찬하지 말고 열심히 할 때 칭찬해 주세요. 아이가 '빨리'보다는 '열심
히'에 강화될 수 있게 해 주세요. 공부의 기초를 다지는 초등 시기에는 신속성보다
정확성이 더 요구됩니다.

✓ 한 번에 많이 하는 것보다는 꾸준히 오래 하는 것이 훨씬 중요합니다. 조금씩 하
되, 꾸준히 오래 하여 끝맺는 습관은 아이의 공부 습관의 토대가 되어 줍니다.

# 차례

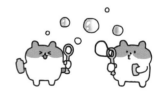

## 함께 사자성어를 공부할 친구들

뭉식

유자

라미

보리

콩　몽

레오

# 이 책의 활용법

『놀면서 배우는 초등 필수 사자성어』는 이런 책이에요.

어린이들이 반드시 알아야 할 필수 사자성어를 한 권에 모았습니다. 하루에 10분씩, 일주일에 5일, 10주간 50개의 사자성어를 공부하며 국어 공부의 기본인 표현력, 어휘력, 독해력, 문해력을 기를 수 있습니다.

## 처음부터 끝까지 흥미를 잃지 않고 재미있게 사자성어를 배울 수 있는 7단계 학습법!

**1단계**
이 사자성어는 언제 어떻게 쓰일까요? 사전적 의미를 알아봅니다.

**2단계**
유쾌 발랄! 뭉식이와 친구들이 등장하는 재미있는 만화를 보면서 사자성어가 일상에서 어떻게 쓰이는지 알아봅니다.

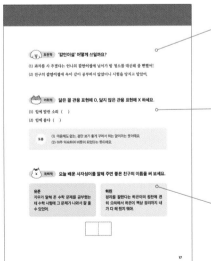

**3단계**
배운 사자성어가 문장에서 어떻게 활용되는지 읽으면서 표현력을 키웁니다.

**4단계**
비슷한 속담 찾기, 비슷한 관용 표현 찾기, 이어질 표현 줄로 잇기 등 간단한 문제를 풀며 어휘력을 넓힙니다.

**5단계**
짧은 글을 읽고 질문에 답하며 독해력과 문해력을 향상시킵니다. 다양한 형식의 글을 접할 수 있습니다.

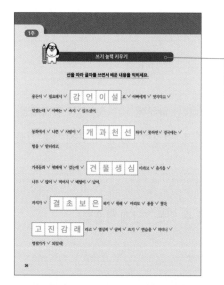

**6단계**
일주일 동안 배운 사자성어를 직접 따라 쓰면서 완벽히 내
것으로 만듭니다.

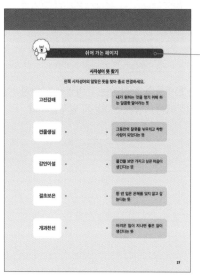

**7단계**
뜻 찾기, 미로 찾기, 숨어 있는 사자성어 찾기 등 재미있는
놀이를 통해 배운 내용을 한 번 더 복습합니다.

**보너스 부록**
QR 코드를 스캔해 이 책의 답안지를 다운로드 받으세요.

# 최고 멋쟁이 _____ (이)의
# 한 권 끝 계획표

- 총 50일, 이 책을 공부하는 동안 아이가 사용하는 한 권 끝 계획표입니다. 하루 10분, 날마다 적당한 분량을 공부할 수 있도록 2쪽으로 구성했습니다.

- 한 권 끝 계획표를 사용하기 전, 가장 먼저 상단 제목 빈칸에 아이가 직접 자신의 이름을 쓰도록 지도해 주세요. 책임감을 기르고 자기 주도 학습의 출발점이 됩니다.

- 아이가 한 권 끝 계획표를 야무지게 활용할 수 있도록 다음과 같이 지도해 주세요.
  ❶ 공부를 시작하기 전, 한 권 끝 계획표에 공부 날짜와 쪽수를 씁니다.
  ❷ 공부 날짜와 쪽수를 쓴 다음, 공부 내용을 스스로 확인합니다.
  ❸ 책장을 넘겨서 신나고 즐겁게 그날의 내용을 공부합니다.
  ❹ 공부를 마친 후, 다시 한 권 끝 계획표를 펼쳐 공부 확인에 표시합니다.

- 한 권 끝 계획표의 공부 확인에는 공부를 잘 마친 아이가 느낄 수 있는 감정을 그림으로 담았습니다. 그날의 공부를 마친 아이가 ⭐ (신남), 🖤 (설렘), 🙂 (기쁨)을 살펴보고 표시하면서 성취감을 느낄 수 있도록 많이 격려하고 칭찬해 주세요.

| 1주 | 공부 날짜 | | 공부 내용 | 쪽수 | 공부 확인 |
|---|---|---|---|---|---|
| 월요일 | 월 | 일 | 감언이설 甘言利說 | 쪽 | ⭐ ❤️ 😊 |
| 화요일 | 월 | 일 | 개과천선 改過遷善 | 쪽 | ⭐ ❤️ 😊 |
| 수요일 | 월 | 일 | 견물생심 見物生心 | 쪽 | ⭐ ❤️ 😊 |
| 목요일 | 월 | 일 | 결초보은 結草報恩 | 쪽 | ⭐ ❤️ 😊 |
| 금요일 | 월 | 일 | 고진감래 苦盡甘來 | 쪽 | ⭐ ❤️ 😊 |

| 2주 | 공부 날짜 | | 공부 내용 | 쪽수 | 공부 확인 |
|---|---|---|---|---|---|
| 월요일 | 월 | 일 | 과유불급 過猶不及 | 쪽 | ⭐ ❤️ 😊 |
| 화요일 | 월 | 일 | 권선징악 勸善懲惡 | 쪽 | ⭐ ❤️ 😊 |
| 수요일 | 월 | 일 | 금시초문 今時初聞 | 쪽 | ⭐ ❤️ 😊 |
| 목요일 | 월 | 일 | 노심초사 勞心焦思 | 쪽 | ⭐ ❤️ 😊 |
| 금요일 | 월 | 일 | 다다익선 多多益善 | 쪽 | ⭐ ❤️ 😊 |

| 3주 | 공부 날짜 | | 공부 내용 | 쪽수 | 공부 확인 |
|------|--------|-----|---------|------|---------|
| 월요일 | 월 | 일 | 대기만성 大器晩成 | 쪽 | ⭐ ❤️ 🙂 |
| 화요일 | 월 | 일 | 동문서답 東問西答 | 쪽 | ⭐ ❤️ 🙂 |
| 수요일 | 월 | 일 | 명실상부 名實相符 | 쪽 | ⭐ ❤️ 🙂 |
| 목요일 | 월 | 일 | 무용지물 無用之物 | 쪽 | ⭐ ❤️ 🙂 |
| 금요일 | 월 | 일 | 박장대소 拍掌大笑 | 쪽 | ⭐ ❤️ 🙂 |

| 4주 | 공부 날짜 | | 공부 내용 | 쪽수 | 공부 확인 |
|------|--------|-----|---------|------|---------|
| 월요일 | 월 | 일 | 백골난망 白骨難忘 | 쪽 | ⭐ ❤️ 🙂 |
| 화요일 | 월 | 일 | 사면초가 四面楚歌 | 쪽 | ⭐ ❤️ 🙂 |
| 수요일 | 월 | 일 | 사생결단 死生決斷 | 쪽 | ⭐ ❤️ 🙂 |
| 목요일 | 월 | 일 | 사필귀정 事必歸正 | 쪽 | ⭐ ❤️ 🙂 |
| 금요일 | 월 | 일 | 살신성인 殺身成仁 | 쪽 | ⭐ ❤️ 🙂 |

| 5주 | 공부 날짜 | | 공부 내용 | 쪽수 | 공부 확인 |
|---|---|---|---|---|---|
| 월요일 | 월 | 일 | 새옹지마 塞翁之馬 | 쪽 | ⭐ ♥ ☺ |
| 화요일 | 월 | 일 | 선견지명 先見之明 | 쪽 | ⭐ ♥ ☺ |
| 수요일 | 월 | 일 | 설상가상 雪上加霜 | 쪽 | ⭐ ♥ ☺ |
| 목요일 | 월 | 일 | 소탐대실 小貪大失 | 쪽 | ⭐ ♥ ☺ |
| 금요일 | 월 | 일 | 속수무책 束手無策 | 쪽 | ⭐ ♥ ☺ |

| 6주 | 공부 날짜 | | 공부 내용 | 쪽수 | 공부 확인 |
|---|---|---|---|---|---|
| 월요일 | 월 | 일 | 수수방관 袖手傍觀 | 쪽 | ⭐ ♥ ☺ |
| 화요일 | 월 | 일 | 어부지리 漁夫之利 | 쪽 | ⭐ ♥ ☺ |
| 수요일 | 월 | 일 | 오리무중 五里霧中 | 쪽 | ⭐ ♥ ☺ |
| 목요일 | 월 | 일 | 온고지신 溫故知新 | 쪽 | ⭐ ♥ ☺ |
| 금요일 | 월 | 일 | 외유내강 外柔內剛 | 쪽 | ⭐ ♥ ☺ |

| 7주 | 공부 날짜 | | 공부 내용 | 쪽수 | 공부 확인 |
|---|---|---|---|---|---|
| 월요일 | 월 | 일 | 용두사미 龍頭蛇尾 | 쪽 | ⭐ ♥ ☺ |
| 화요일 | 월 | 일 | 우유부단 優柔不斷 | 쪽 | ⭐ ♥ ☺ |
| 수요일 | 월 | 일 | 유비무환 有備無患 | 쪽 | ⭐ ♥ ☺ |
| 목요일 | 월 | 일 | 이심전심 以心傳心 | 쪽 | ⭐ ♥ ☺ |
| 금요일 | 월 | 일 | 인과응보 因果應報 | 쪽 | ⭐ ♥ ☺ |

| 8주 | 공부 날짜 | | 공부 내용 | 쪽수 | 공부 확인 |
|---|---|---|---|---|---|
| 월요일 | 월 | 일 | 일취월장 日就月將 | 쪽 | ⭐ ❤️ 😊 |
| 화요일 | 월 | 일 | 임기응변 臨機應變 | 쪽 | ⭐ ❤️ 😊 |
| 수요일 | 월 | 일 | 입신양명 立身揚名 | 쪽 | ⭐ ❤️ 😊 |
| 목요일 | 월 | 일 | 작심삼일 作心三日 | 쪽 | ⭐ ❤️ 😊 |
| 금요일 | 월 | 일 | 적반하장 賊反荷杖 | 쪽 | ⭐ ❤️ 😊 |

| 9주 | 공부 날짜 | | 공부 내용 | 쪽수 | 공부 확인 |
|---|---|---|---|---|---|
| 월요일 | 월 | 일 | 전화위복 轉禍爲福 | 쪽 | ⭐ ❤️ 😊 |
| 화요일 | 월 | 일 | 조삼모사 朝三暮四 | 쪽 | ⭐ ❤️ 😊 |
| 수요일 | 월 | 일 | 주객전도 主客顚倒 | 쪽 | ⭐ ❤️ 😊 |
| 목요일 | 월 | 일 | 죽마고우 竹馬故友 | 쪽 | ⭐ ❤️ 😊 |
| 금요일 | 월 | 일 | 천고마비 天高馬肥 | 쪽 | ⭐ ❤️ 😊 |

| 10주 | 공부 날짜 | | 공부 내용 | 쪽수 | 공부 확인 |
|---|---|---|---|---|---|
| 월요일 | 월 | 일 | 청출어람 靑出於藍 | 쪽 | ⭐ ❤️ 😊 |
| 화요일 | 월 | 일 | 타산지석 他山之石 | 쪽 | ⭐ ❤️ 😊 |
| 수요일 | 월 | 일 | 파죽지세 破竹之勢 | 쪽 | ⭐ ❤️ 😊 |
| 목요일 | 월 | 일 | 풍전등화 風前燈火 | 쪽 | ⭐ ❤️ 😊 |
| 금요일 | 월 | 일 | 화룡점정 畵龍點睛 | 쪽 | ⭐ ❤️ 😊 |

# 월요일 감언이설 甘言利說

**한자의 음과 뜻** 달 **감** | 말씀 **언** | 이로울 **이(리)** | 말씀 **설**

달콤한 말과 좋은 이야기라는 뜻이에요. 상대방의 마음을 얻으려 하거나 내가 원하는 걸 얻기 위해 달콤한 말과 이로운 조건으로 거짓말하는 것을 말해요.

뭉식아, 너 용돈 받았으니 우리 색종이 사서 놀자~.

나 용돈 모아 책 살 거라서 안 돼. 그리고 색종이는 집에 많아.

그러지 말고 책은 다음 용돈부터 모아서 사고, 우리 지금 심심한데 색종이 사서 종이접기 하면 재미있지 않을까?

그런가?

문구점

득템!

재미있긴 한데 뭔가 찜찜해….

유자의 감언이설 때문에 괜히 색종이를 사서 용돈을 낭비한 것 같아.

**표현력** '감언이설' 어떻게 쓰일까요?

(1) 과자를 사 주겠다는 언니의 **감언이설**에 넘어가 방 청소를 대신해 줄 뻔했어!

(2) 친구의 **감언이설**에 속아 같이 공부하지 않았더니 시험을 망치고 말았어.

 **어휘력** 닮은 꼴 관용 표현에 O, 닮지 않은 관용 표현에 X 하세요.

(1) 입에 발린 소리 (　　)

(2) 입에 붙다 (　　)

> **도움**
> (1) 마음에도 없는, 겉만 보기 좋게 꾸며서 하는 말이라는 뜻이에요.
> (2) 아주 익숙하여 버릇이 되었다는 뜻이에요.

 **독해력** 오늘 배운 사자성어를 말해 주면 좋은 친구의 이름을 써 보세요.

**유준**
지우가 말해 준 수학 문제를 공부했는데 수학 시험에 그 문제가 나와서 잘 풀 수 있었어.

**하린**
정리를 잘한다는 하은이의 칭찬에 괜히 으쓱해서 하은이 책상 정리까지 내가 다 해 줬지 뭐야.

# 개과천선 改過遷善

**한자의 음과 뜻** 고칠 **개** | 잘못 **과** | 옮길 **천** | 착할 **선**

그동안의 잘못을 뉘우치고 착한 사람이 되었다는 뜻이에요. 우리도 잘못을 한다면 진심으로 반성하고 고칠 수 있는 사람이 되도록 노력해요.

**표현력** **'개과천선' 어떻게 쓰일까요?**

(1) 오빠가 요즘 나에게 기분 나쁜 장난을 치지 않아. **개과천선**했나 봐!

(2) 아빠, 나 이제 **개과천선**해서 거짓말하는 버릇을 고칠 거예요.

 **어휘력** **이어질 말을 찾아 줄로 연결하세요.**

(1) 잘못을 반성하고　　•　　　　　•　공부를 열심히 할 거야.

(2) 이제 개과천선해서　•　　　　　•　개과천선했으면 좋겠어.

 **독해력** **글을 읽고 느낀 점으로 가장 알맞은 말을 찾으세요.**

> 우리 반 예준이는 장난을 심하게 쳐서 친구들이 함께 놀려고 하지 않았어. 그러던 어느 날부터 예준이가 장난보다는 친구들에게 다정한 말을 건네기 시작하는 거야. 개과천선한 거지. 그날 이후로 예준이는 인기 많은 친구가 되었어.

① 사람은 바뀌지 않아. 곧 다시 예준이는 친구들에게 심한 장난을 칠 거야.

② 누구나 잘못을 할 수 있고, 잘못된 점은 고치면 되는 거야.

③ 나는 예준이보다 더 인기 많은 친구가 되어야 하는데 어떡하지?

# 수요일 견물생심 見物生心

**한자의 음과 뜻** 볼 **견** | 물건 **물** | 날 **생** | 마음 **심**

물건을 보면 가지고 싶은 마음이 생긴다는 뜻이에요. 사람들은 좋은 물건을 보면 가지고 싶어 해요. 하지만 욕심을 부리면 오히려 소중한 것을 잃을 수 있으니 지나친 욕심을 내지 말아요.

아, 배부르다!

콩과 몽,
손에 든 게 뭐야?

빵과 우유야!

맛있겠다~.

레오는
방금
밥 먹은 거
아니야?

맞아. 그래도
나 빵과 우유 좀 줄래?

얼마 후

으아앙,
배 아파.

견물생심이라고
역시 욕심부리면
안 되는 거야.

그래~.

밥 먹었다며!

**표현력** '견물생심' 어떻게 쓰일까요?

(1) 견물생심이라고 동생의 아이스크림이 내 것보다 더 커 보이네.

(2) 견물생심이라고 꼭 필요한 게 없으면 난 문구점에 가지 않아.

 **어휘력** 닮은 꼴 속담에 O, 닮지 않은 속담에 X 하세요.

(1) 바다는 메워도 사람의 욕심은 못 채운다 (　　)

(2) 오르지 못할 나무는 쳐다보지도 마라 (　　)

> **도움**
> (1) 바다는 흙을 채워 메울 수 있지만, 사람의 욕심은 무엇으로도 채울 수 없다는 뜻이에요.
> (2) 자기가 해낼 수 없는 일이라면 처음부터 욕심을 내지 않는 게 좋다는 뜻이에요.

 **독해력** 대화를 읽고 밑줄 친 말과 바꿀 수 있는 말은 무엇일까요?

🐶 지원아, 필통이 왜 망가졌어?

🐱 서윤이 연필이 예쁘길래 나도 연필을 더 사서 필통에 넣었더니 이렇게 됐어.

🐶 <u>견물생심이었구나.</u>

① 서윤이의 달콤한 말에 속았구나.

② 물건을 보면 가지고 싶은 마음이 생기는 거야.

③ 연필이 많으니 공부를 잘 할 수 있을 거야.

**목요일**

# 결초보은 結草報恩

**한자의 음과 뜻** 맺을 **결** | 풀 **초** | 갚을 **보** | 은혜 **은**

풀을 엮어서 은혜를 갚는다는 뜻으로 죽어서라도 한 번 입은 은혜는 잊지 않고 보답한다는 말이에요. 다른 사람에게 좋은 일을 해 보세요. 언젠가는 다시 좋은 일이 되어 되돌아올 거예요.

**표현력** '결초보은' 어떻게 쓰일까요?

(1) 지난번에 내가 태오를 도와줬는데 **결초보은**이라고 오늘은 태오가 나를 도와줬어.

(2) 제비는 흥부에게 **결초보은**하기 위해 박씨를 물어다 줬어.

 **어휘력** 이어질 말을 찾아 줄로 연결하세요.

(1) 누군가가 나를 도와주면 결초보은하는 게 •          • 결초보은할 거야.

(2) 지각한 나를 기다려 준 예성이에게          •          • 당연한 거야.

 **독해력** 오늘 배운 사자성어와 어울리는 상황의 친구를 찾으세요.

① 이제 문구점에 가도 슬라임을 더 이상 사지 않겠다고 엄마와 약속하는 도연

② 낳아 주시고 길러 주신 부모님의 은혜를 갚겠다고 편지를 쓰는 시우

③ 같이 간식을 먹자는 형의 달콤한 말에 넘어가지 않겠다고 다짐하는 민준

# 고진감래 苦盡甘來

**한자의 음과 뜻** 쓸 고 | 다할 진 | 달 감 | 올 래

쓴 것이 다하면 단 것이 온다는 뜻으로 어려운 일이 있어도 참고 견디면 결국에는 좋은 일이 생긴다는 말이에요. 그러니 지금 힘든 일이 있어도 실망하지 말고 열심히 하도록 해요.

달리기 시합에서 좋은 성적을 거둬야지. 라미야, 달리기 연습 안 해?

다람쥐는 원래 날쌘돌이라 연습하지 않아도 괜찮아. 그런데 몽아, 너는 매번 꼴등 했는데도 달리기 연습할 거야?

그래도 열심히 연습할 거야.

일주일 후

헉 헉

한 달 후

우다다다~

달리기 시합 날

우아, 몽이가 1등을 했어! 대단해!

몽아, 고진감래도 잊고 매번 꼴등 했다고 놀려서 미안해.

앞으로는 라미도 자만하지 말고 열심히 했으면 좋겠어.

에헴~.

**표현력** '고진감래' 어떻게 쓰일까요?

(1) 고진감래라고 우리 학교 축구 선수들은 정말 열심히 운동하더니 전국에서 1등을 했대.

(2) 고진감래라고 반드시 노력한 만큼 좋은 결과가 나오는 날이 있을 거야.

 **어휘력** 닮은 꼴 속담으로, 둘 중 알맞은 말에 O 하세요.

(1) 태산을 넘으면 ( 언덕 / 평지 )를 본다

(2) ( 고생 / 행복 ) 끝에 낙이 온다

| 도움 | (1) 태산은 높고 큰 산으로, 이 산을 넘으면 평탄한 평야가 나온다는 뜻이에요. <br> (2) 어려운 일이나 고된 일을 겪은 뒤에는 즐겁고 좋은 일이 생긴다는 뜻이에요. |
| --- | --- |

 **독해력** 빈칸에 들어갈 말은 무엇일까요?

주원이는 정말 열심히 춤 연습을 해서 아이돌 오디션에 합격했대.

역시 고진감래라고 쓴 것이 다하면 ▢▢한 것이 오는구나.

① 새콤      ② 고소      ③ 달콤      ④ 향긋

## 쓰기 능력 키우기

**선을 따라 글자를 쓰면서 배운 내용을 익히세요.**

용돈이 ∨ 필요해서 ∨  감 언 이 설  로 ∨ 아빠에게 ∨ 멋지다고 ∨

말했는데 ∨ 아빠는 ∨ 속지 ∨ 않으셨어.

동화에서 ∨ 나쁜 ∨ 사람이 ∨  개 과 천 선  하지 ∨ 못하면 ∨ 결국에는 ∨

벌을 ∨ 받더라고.

가족들과 ∨ 뷔페에 ∨ 갔는데 ∨  견 물 생 심  이라고 ∨ 음식을 ∨

너무 ∨ 많이 ∨ 먹어서 ∨ 배탈이 ∨ 났어.

까치가 ∨  결 초 보 은  하기 ∨ 위해 ∨ 머리로 ∨ 종을 ∨ 쳤다.

고 진 감 래  라고 ∨ 열심히 ∨ 글씨 ∨ 쓰기 ∨ 연습을 ∨ 하더니 ∨

명필가가 ∨ 되었네!

## 쉬어 가는 페이지

### 사자성어 뜻 찾기

왼쪽 사자성어의 알맞은 뜻을 찾아 줄로 연결하세요.

고진감래 •

견물생심 •

감언이설 •

결초보은 •

개과천선 •

• 내가 원하는 것을 얻기 위해 하는 달콤한 말이라는 뜻

• 그동안의 잘못을 뉘우치고 착한 사람이 되었다는 뜻

• 물건을 보면 가지고 싶은 마음이 생긴다는 뜻

• 한 번 입은 은혜를 잊지 않고 갚는다는 뜻

• 어려운 일이 지나면 좋은 일이 생긴다는 뜻

월요일

# 과유불급 過猶不及

**한자의 음과 뜻** 지나칠 과 | 같을 유 | 아닐 불 | 미칠 급

지나친 것은 모자란 것과 같다는 뜻으로 지나치거나 모자라지 않고 한쪽으로 치우치지 않는 상태가 중요하다는 말이에요. 무슨 일이든지 우리 적당한 선을 잘 지키도록 해요.

뭉식아, 안 자?

내일이 시험이니 나는 더 공부할래.

다음 날 아침

뭉식아, 공부하느라 밤새운 거야?

응….

시험 시간

Z Z Z

졸려….

A B C D

뭉식아, 과유불급이라고 밤을 새워서 공부한 건 지나쳤던 것 같아.

그런가 봐.

쉬는 시간

으아앙~. 시험 시간에 졸아서 시험을 망쳤어.

뭉식아, 왜 울어?

**표현력** '과유불급' 어떻게 쓰일까요?

(1) 홍수가 났어. **과유불급**이라고 비가 적당히 내려 주면 좋을 텐데.

(2) 화분의 식물이 시들해서 물을 많이 줬더니 **과유불급**이라고 죽어 버리고 말았어.

 **어휘력** 이어질 말을 찾아 줄로 연결하세요.

(1) 과유불급이라고 몸에 좋다고　•　　•  과유불급이라고 몸을 다치게 할 수도 있어.

(2) 지나친 운동은　　　　　　•　　•  무조건 많이 먹어도 탈이 나.

 **독해력** 오늘 배운 사자성어를 말해 주면 좋은 친구의 이름을 써 보세요.

**수호**
장난감을 사려고 부모님에게 받은 용돈을 거의 다 저금해서 막상 준비물을 살 돈이 없었어.

**동현**
수호가 준비물을 살 돈이 없어서 내 용돈으로 산 준비물을 같이 나눠서 사용했어.

# 권선징악 勸善懲惡

**한자의 음과 뜻** 권할 **권** | 착할 **선** | 징계할 **징** | 악할 **악**

착한 일을 권장하고 악한 일을 나무란다는 뜻으로 사람들에게 착한 행동이나 좋은 일은 권하고 옳지 못한 행동이나 나쁜 일은 벌한다는 말이에요.

**표현력** '권선징악' 어떻게 쓰일까요?

(1) 콩쥐 팥쥐는 **권선징악** 이야기를 다룬 전래 동화야.

(2) **권선징악**이라고 친구에게 심한 장난을 치던 상근이는 선생님께 혼났어.

 **어휘력** 닮은 꼴 속담으로, 둘 중 알맞은 말에 O 하세요.

(1) ( 뿌린 / 버린 ) 대로 거둔다

(2) 콩 심은 데 콩 나고 팥 심은 데 ( 콩 / 팥 ) 난다

> **도움**
> (1) 좋은 씨앗을 많이 뿌리면 풍성한 곡식을 얻을 수 있듯이, 사람도 어떻게 하느냐 에 따라 결과를 얻게 된다는 뜻이에요.
> (2) 모든 일은 원인에 따라서 결과가 생긴다는 뜻이에요.

 **독해력** 글을 읽고 느낀 점으로 가장 알맞은 말을 찾으세요.

> 오늘 읽은 책을 보면 결국에 착한 주인공은 복을 받고 나쁜 사람은 벌을 받아. 권선 징악인 거지. 이 책 정말 재밌었어.

① 책은 재미있을 수 없어.

② 착하고 정직하게 살아야지.

③ 꼭 나쁜 사람이 벌을 받는 건 아니지 않을까?

**수요일**

# 금시초문 今時初聞

**한자의 음과 뜻** 이제 금 | 때 시 | 처음 초 | 들을 문

이제야 처음으로 들었다는 뜻으로 어떤 소식을 처음으로 들음을 이르는 말이에요. 소문이나 사실을 처음 듣고 뜻밖이라 놀라는 상황에서 사용해요.

뭉식아, 왜 도시락을 들고 와?

오늘 소풍 가는 날이라 김밥 싸 왔지.

정말? 난 금시초문인데? 나는 도시락이 없는데 어떡하지?

나랑 같이 나눠 먹자~.

뭉식아, 고마워!

아니야. 친구끼리 도와주는 거지.

아~. 잘 먹었다.

레오야, 나 김밥 2개 먹을 동안 2줄을 먹다니….

**표현력** '금시초문' 어떻게 쓰일까요?

(1) 동생이 유치원에서 상을 받았다는데 난 금시초문인걸.

(2) 오늘 받아쓰기 시험을 본다는데 난 금시초문이야!

 **어휘력** 이어질 말을 찾아 줄로 연결하세요.

(1) 지원이가 운동을 잘한다는데 •

(2) 난 금시초문인데 •

• 내가 좋아하는 노래가 역주행을 하고 있대.

• 난 금시초문이야.

 **독해력** 대화를 읽고 밑줄 친 말과 바꿀 수 있는 말은 무엇일까요?

😀 민지야, 우리 주희랑 몇 시에 만나기로 했지?

😆 응? 무슨 이야기야? 난 금시초문인데?

😀 잊어버렸어? 오늘 주희랑 만나서 떡볶이 먹기로 했잖아.

① 난 곤란한데?

② 난 안 가기로 했는데?

③ 난 처음 듣는 말인데?

# 노심초사 勞心焦思

**한자의 음과 뜻** 일할 **노(로)** | 마음 **심** | 탈 **초** | 생각 **사**

마음속으로 애를 쓰며 속을 태운다는 뜻으로 어떤 일에 대해 좋지 않은 결과를 얻을까 하는 걱정으로 몹시 불안한 상태를 말해요. 걱정되는 일이 있어 마음을 졸일 때 사용해요.

얘들아, 빨리 우리 집에 가자!

왜 이렇게 서두르는 거야, 보리야.

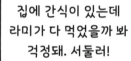

집에 간식이 있는데 라미가 다 먹었을까 봐 걱정돼. 서둘러!

보리야, 왔어?

야!

라미, 너 어떻게 그럴 수가 있어?

그럴 수도 있지!

보리가 노심초사할 만했네.

**표현력** '노심초사' 어떻게 쓰일까요?

(1) 달리기를 하다가 지난번처럼 넘어질까 봐 **노심초사**했어.

(2) 시험 시간에 문제를 다 풀지 못할까 봐 **노심초사**했어.

 **어휘력** 닮은 꼴 관용 표현에 O, 닮지 않은 관용 표현에 X 하세요.

(1) 비행기를 태우다 (    )

(2) 애를 태우다 (    )

| | |
|---|---|
| 도움 | (1) 남을 지나치게 칭찬한다는 뜻이에요.<br>(2) 몹시 속이 상하도록 어려움을 겪는다는 뜻이에요. |

 **독해력** 오늘 배운 사자성어와 어울리는 상황의 친구를 찾으세요.

① 영화 시작하는 시간에 늦을까 봐 발을 동동 구르는 시경이

② 축구공이 무서워서 축구를 포기한 영진이

③ 게임을 1시간만 하기로 아빠와 약속한 한국이

# 다다익선 多多益善

**한자의 음과 뜻** 많을 다 | 많을 다 | 더할 익 | 좋을 선

많으면 많을수록 더욱 좋다는 뜻이에요. 하지만 무엇이든 많으면 무조건 다 좋을까요? 많을수록 좋은 것과 적을수록 좋은 것을 잘 생각하도록 해요.

**표현력** '다다익선' 어떻게 쓰일까요?

(1) **다다익선**이라고 많은 친구와 함께 청소를 하니 금세 끝났어.

(2) **다다익선**이라고 좋은 습관은 많을수록 좋지.

 **어휘력** 닮은 꼴 속담에 O, 닮지 않은 속담에 X 하세요.

(1) 사람 위에 사람 없고 사람 밑에 사람 없다 (      )

(2) 사람과 그릇은 많을수록 좋다 (      )

> **도움**
> (1) 사람은 태어날 때부터 평등하다는 뜻이에요.
> (2) 사람의 노력이나 그릇은 많으면 많을수록 그만큼 쓸모가 있다는 뜻이에요.

 **독해력** 빈칸에 들어갈 말은 무엇일까요?

하루에 10권씩 책을 읽었는데 너무 많이 읽었는지 내용이 기억나는 게 별로 없어.

많으면 [         ] 좋은 다다익선이 무조건 옳은 건 아니야.

① 얇을수록          ② 두꺼울수록          ③ 적을수록          ④ 많을수록

## 쓰기 능력 키우기

**선을 따라 글자를 쓰면서 배운 내용을 익히세요.**

| 과 | 유 | 불 | 급 |
|---|---|---|---|

이라고 ∨ 지나친 ∨ 칭찬은 ∨ 독이 ∨ 될 ∨ 수도 ∨ 있어.

옛날이야기에는 ∨

| 권 | 선 | 징 | 악 |
|---|---|---|---|

∨ 주제가 ∨ 많아.

옆집 ∨ 강아지가 ∨ 임신했다니 ∨

| 금 | 시 | 초 | 문 |
|---|---|---|---|

이야.

태권도 ∨ 승급 ∨ 심사 ∨ 결과를 ∨

| 노 | 심 | 초 | 사 |
|---|---|---|---|

∨ 기다렸는데 ∨

합격했대.

쓰레기 ∨ 줍기 ∨ 봉사할 ∨ 때는 ∨ 봉사자들이 ∨

| 다 | 다 | 익 | 선 |
|---|---|---|---|

이면 ∨ 좋지.

# 쉬어 가는 페이지

## 사자성어 익히는 미로 찾기

힌트 속 빈 곳에 들어갈 글자를 찾으며 길을 따라 도착까지 가 보세요.

힌트 1. ○○초문  2. 과유○○  3. ○○초사  4. 권선○○  5. ○○익선

# 대기만성 大器晚成

**한자의 음과 뜻** 큰 대 | 그릇 기 | 늦을 만 | 이룰 성

큰 그릇은 늦게 이루어진다는 뜻으로 크게 될 사람도 많은 시간과 노력이 필요해 늦게 성공한다는 말이에요. 서두르지 말고 노력한다면 누구나 큰 사람이 될 수 있어요.

나는 먹는 걸 좋아해서 요리를 연구하는 사람이 되고 싶어. 그런데 공부를 못해서 큰일이야.

라미야, 대기만성이라고 지금부터라도 노력하면 할 수 있어.

정말?

그럼 더 열심히 먹어야겠다!

라… 라미야, 많이 먹으라는 게 아니라 열심히 공부를 하라는 거야.

허허.

아… 그래?

**표현력** '대기만성' 어떻게 쓰일까요?

(1) 김득신은 글공부가 늦었지만 **대기만성**이라고 나중에 훌륭한 조선 시대 시인이 되었대.

(2) **대기만성**한 사람들은 포기하지 않고 끝까지 노력했대.

 **어휘력** 닮은 꼴 속담에 O, 닮지 않은 속담에 X 하세요.

(1) 만 리 길도 한 걸음으로 시작된다 (      )

(2) 물 만난 오리걸음 (      )

| 도움 | (1) 아무리 큰일도 작은 일로부터 비롯된다는 뜻이에요. |
|---|---|
| | (2) 물을 보고 반가워서 급히 달려가는 오리의 걸음이란 뜻으로, 보기 좋지 않게 급히 걷는 모양을 말해요. |

 **독해력** 오늘 배운 사자성어를 말해 주면 좋은 친구의 이름을 써 보세요.

**준식**
아직 과학 성적이 좋지는 않지만, 모르는 것은 계속 선생님께 질문해서 성적을 조금씩 올리고 있어.

**선예**
나도 준식이처럼 부족한 과목이 있는데, 부끄러워서 선생님께 질문을 못 하겠어.

화요일

# 동문서답 東問西答

> **한자의 음과 뜻** 동녘 **동** | 물을 **문** | 서녘 **서** | 답할 **답**
> 동쪽을 묻는데 서쪽으로 대답한다는 뜻으로 묻는 말에 전혀 맞지 않는 엉뚱한 대답을 가리키는 말이에요. 누군가 내가 한 질문에 맞지 않는 대답을 한다면 동문서답이라고 알려 주세요.

유자야, 오늘 배운 수학 너무 어렵지 않았어?

점심에 먹은 떡볶이 맛있었지….

유자야, 우리 이따 뭐 하고 놀까?

저녁에는 밥을 먹어야지….

유자야, 너 왜 자꾸 동문서답하는 거야! 내 말 듣기는 하는 거야?

드르렁~.

아, 유자 졸렸구나.

**표현력** '동문서답' 어떻게 쓰일까요?

(1) 준서한테 수학 숙제를 물어봤는데 배고프다고 **동문서답**을 하는 거야.

(2) 예림이한테 색종이를 빌려 달라고 했는데 자기 색종이가 예쁘다고 **동문서답**하는 거 있지.

 **어휘력** 이어질 말을 찾아 줄로 연결하세요.

(1) 어디 가냐고 물었는데     •

(2) 아빠는 당황해서 동문서답으로  •

• 엉뚱한 말을 하셨어.

• 내일 간다고 동문서답하는 거 있지.

 **독해력** 대화를 읽고 밑줄 친 말과 바꿀 수 있는 말은 무엇일까요?

    지수야, 아침밥 먹었어?

    혜영아, 머리가 좋아지는 약은 없을까?

    <u>동문서답</u>이네.

① 찾아보면 있을지도 모르지.

② 엉뚱한 대답을 하네.

③ 그런 약을 기대하다니 어리석네.

# 명실상부 名實相符

**한자의 음과 뜻** 이름 **명** | 열매 **실** | 서로 **상** | 부합할 **부**

이름과 실제가 서로 같다는 뜻으로 알려진 것과 실제 내용이 일치하는 경우를 가리키는 말이에요. 나의 좋은 점이 실제 나의 행동과 똑같다면 많은 칭찬을 받을 수 있을 거예요.

---

오늘은 야구를 배워 볼 거예요.
레오가 나와서 시범을 보여 볼까?

선생님,
저 야구는
처음 해 봐요.

선생님이
가르쳐 주는 대로
하면 돼요.

자 이제,
야구공을 맞혀요!

역시 명실상부 레오는
공으로 하는 운동은
다 잘하는구나!

에잇!

빡!

레오 멋져!

**표현력** '명실상부' 어떻게 쓰일까요?

(1) 견우는 **명실상부** 우리 반에서 가장 과학을 잘하는 친구야.

(2) 대한민국은 **명실상부** 쇼트트랙 강국이야.

 **어휘력** 닮은 꼴 속담으로, 둘 중 알맞은 말에 O 하세요.

(1) 꿩 잡는 것이 ( 참새 / 매 )다

(2) 고치를 짓는 것이 ( 누에 / 나비 )다

> 도움
> (1) 꿩을 잡아야 매라고 할 수 있다는 말로, 실제로 맡은 일을 다한다는 뜻이에요.
> (2) 누에가 고치를 짓듯이, 제 맡은 일을 다한다는 뜻이에요.

 **독해력** 글을 읽고 느낀 점으로 가장 알맞은 말을 찾으세요.

> 오늘 학급 회의한 내용을 정리하는데 지영이가 했던 말이 생각이 나질 않는 거야. 태영이가 기억력이 좋은 혜연이에게 물어보라고 해서 물어봤더니 명실상부 지영이가 했던 말을 그대로 알려 줬어.

① 지영이는 학급 회의 시간에 왜 말을 한 거야.

② 나는 기억력이 좋지 않아서 큰일이야.

③ 혜연이가 기억력이 좋다는 건 사실이었어.

# 무용지물 無用之物

**한자의 음과 뜻** 없을 무 | 쓸 용 | 어조사 지 | 물건 물

아무 쓸모가 없다는 뜻으로 소용이 없는 물건이나 쓸 만한 능력이 없는 사람을 가리키는 말이에요. 있기는 하지만 쓸 데가 없을 때 사용해요.

**표현력** '무용지물' 어떻게 쓰일까요?

(1) 초콜릿을 아껴 먹으려고 서랍에 놔뒀는데 다 녹아서 **무용지물**이 되었어.

(2) 할머니는 눈이 잘 안 보인 이후로 바느질 실력이 **무용지물** 됐다고 하셨어.

 **어휘력** 이어질 말을 찾아 줄로 연결하세요.

(1) 전기 공급이 잠깐 중단되니 •       • 도시락이 무용지물 되었어.

(2) 젓가락이 없어서       •       • TV가 무용지물 되었어.

 **독해력** 오늘 배운 사자성어와 어울리는 상황의 친구를 찾으세요.

① 학교의 규칙을 잘 지키는 대준

② 수학 시험에 계산기 사용이 안 되는데 가져간 은호

③ 아침에 알람 시계의 도움을 받아 일어나는 지영

# 금요일 박장대소 拍掌大笑

**한자의 음과 뜻** 칠 **박** | 손바닥 **장** | 큰 **대** | 웃음 **소**

손뼉을 치며 크게 웃는다는 뜻으로 매우 즐거운 모습을 말해요. 즐겁게 웃는 건 좋은 일이에요. 하지만 옆 사람을 때리며 웃는 행동은 삼가도록 해요.

**표현력** '박장대소' 어떻게 쓰일까요?

(1) 우리 오빠는 코미디언처럼 웃겨서 나는 매일 **박장대소**를 해.

(2) 길을 가다가 넘어졌는데 옆에 있던 동생이 **박장대소**를 해서 너무 얄미웠어.

 **어휘력** 닮은 꼴 관용 표현에 O, 닮지 않은 관용 표현에 X 하세요.

(1) 웃음이 끓다 (      )

(2) 웃음을 사다 (      )

> **도움**
> (1) 기분이 몹시 좋아서 웃음기가 얼굴에 넘쳐난다는 뜻이에요.
> (2) 남들에게 비웃음과 놀림을 받는다는 뜻이에요.

 **독해력** 빈칸에 들어갈 말은 무엇일까요?

좋아하는 코미디언을 만나서 이야기를 나누는 꿈을 꾸었어요, 엄마.

어쩐지 엄마가 널 깨우는데 박장대소라고 손뼉을 치며 크게 ☐☐☐

① 울더라고.      ② 화내더라고.      ③ 웃더라고.      ④ 때리더라고.

## 쓰기 능력 키우기

**선을 따라 글자를 쓰면서 배운 내용을 익히세요.**

늘 ∨ 열심히 ∨ 노력하는 ∨ 서준이는 ∨ 느리더라도 ∨

| 대 | 기 | 만 | 성 | 할 ∨ 거야.

우현이에게 ∨ 날씨를 ∨ 물었는데 ∨ 아이스크림이 ∨ 먹고 ∨ 싶다고 ∨

| 동 | 문 | 서 | 답 | 하는 ∨ 거 ∨ 있지.

제주도는 ∨  | 명 | 실 | 상 | 부 |  ∨ 우리나라의 ∨ 대표적인 ∨ 관광지야.

인도네시아에 ∨ 있는 ∨ 섬 ∨ 발리는 ∨ 겨울이 ∨ 없으니 ∨ 스키 ∨ 장비가 ∨

| 무 | 용 | 지 | 물 | 이야.

| 박 | 장 | 대 | 소 | 하며 ∨ 시원하게 ∨ 웃으면 ∨ 기분이 ∨ 좋아져.

# 쉬어 가는 페이지

## 숨어 있는 사자성어 찾기

네모 칸에 숨어 있는 대기만성, 동문서답, 명실상부, 무용지물, 박장대소
사자성어를 찾아 색칠해 보세요.

| 김 | 유 | 신 | 사 | 명 | 실 | 상 | 부 |
|---|---|---|---|---|---|---|---|
| 무 | 태 | 대 | 군 | 신 | 라 | 금 | 관 |
| 열 | 조 | 기 | 이 | 교 | 우 | 이 | 신 |
| 왕 | 임 | 만 | 충 | 무 | 용 | 지 | 물 |
| 박 | 전 | 성 | 사 | 친 | 이 | 효 | 살 |
| 장 | 무 | 태 | 종 | 첨 | 성 | 대 | 생 |
| 대 | 퇴 | 동 | 문 | 서 | 답 | 삼 | 유 |
| 소 | 화 | 랑 | 도 | 통 | 일 | 국 | 택 |

# 백골난망 白骨難忘

**한자의 음과 뜻** 흰 백 | 뼈 골 | 어려울 난 | 잊을 망

몸이 썩어 흰 가루가 되더라도 잊지 못한다는 뜻으로 다른 사람이 베풀어 준 은혜를 잊지 않겠다는 말이에요. 은혜를 입었을 때는 반드시 감사의 표현을 하도록 해요.

어제 할아버지 친구 분을 만나서 뜻깊은 일이 있었어.

뭔데?

할아버지가 6·25 전쟁에 참전하셨던 미국 분이셨어.

아, 그랬구나.

내가 그 할아버지께 감사하다고, 백골난망이라고 했더니 할아버지가 인자하게 웃어 주셨어.

백골난망 할 거예요, 할아버지.

뭉식이가 고마움을 잊지 않겠다고 말해 주니 감동이구나.

뭉식아, 잘했어!

**표현력** '백골난망' 어떻게 쓰일까요?

(1) 줄넘기 연습을 도와준 시준이에게 **백골난망** 해.

(2) 화장실이 급한 나에게 자리를 양보해 준 혜은이에게 **백골난망** 해.

 **어휘력** 닮은 꼴 속담에 O, 닮지 않은 속담에 X 하세요.

(1) 밤 잔 원수 없고 날 샌 은혜 없다 (　　)

(2) 머리털을 베어 신발을 삼다 (　　)

| 도움 | (1) 밤에 자고 나면 나에게 나쁜 일을 한 원수같이 여기던 감정은 풀리고 날을 새우고 나면 은혜에 대한 고마운 감정이 식는다는 뜻으로, 시간이 지나면 쉽게 잊힌다는 말이에요.<br>(2) 무슨 일이든지 해서 은혜를 꼭 갚겠다는 뜻이에요. |
| --- | --- |

 **독해력** 오늘 배운 사자성어를 말해 주면 좋은 친구의 이름을 써 보세요.

| 준식 | 리나 |
| --- | --- |
| 무서운 이야기의 만화를 보는데 갑자기 화면에 해골이 나와서 정말 깜짝 놀랐어. | 오늘 엄마 회사에 가서 힘들게 일하시는 모습을 보고 열심히 공부해서 효도할 거라고 다짐했어. |

화요일

# 사면초가 四面楚歌

**한자의 음과 뜻** 넉 사 | 얼굴 면 | 초나라 초 | 노래 가

사방이 초나라 노래라는 뜻으로 아무에게도 도움을 받지 못하는 외롭고 곤란한 상황을 말해요. 하지만 힘든 상황이라도 포기하지 말고 잘 극복하도록 노력해요.

**표현력** '사면초가' 어떻게 쓰일까요?

(1) 공책을 사야 하는데 용돈을 간식에 다 사용해서 **사면초가**에 빠졌어.

(2) 게임을 하다가 숙제를 못 해서 예성이는 **사면초가**에 빠졌어.

 **어휘력** 닮은 꼴 관용 표현에 O, 닮지 않은 관용 표현에 X 하세요.

(1) 벼랑에 서다 (        )

(2) 날이 서다 (        )

> **도움**
> (1) 위험한 상황을 마주한다는 뜻이에요.
> (2) 성격이나 표현, 판단력 따위가 날카롭다는 뜻이에요.

 **독해력** 글을 읽고 느낀 점으로 가장 알맞은 말을 찾으세요.

며칠 전에 감기에 걸린 것 같다고 아빠가 쓴 약을 먹으라고 했는데 싫다고 했어. 그러다 감기가 심해져서 엄마 손에 이끌려 병원에 가 주사를 맞고 더 쓴 약을 먹었어. 완전 사면초가였어.

① 그래도 쓴 약은 먹기 싫으니 버틸 때까지 버티는 게 나은 것 같아.

② 앞으로는 상황이 더 나빠지기 전에 잘 해결해야겠어.

③ 다음에는 주사는 맞지 않는다고 할래.

# 사생결단 死生決斷

**한자의 음과 뜻** 죽을 **사** | 살 **생** | 결단할 **결** | 끊을 **단**

죽을지 살지 결정한다는 뜻으로 위기의 순간에 목숨을 걸고 온 힘을 다하는 것을 말해요. 어떤 목표를 가지거나 큰 결심을 할 때 사용해요.

---

**[1]** 나는 비둘기가 너무 무서워서 저 멀리 비둘기가 보이면 길을 돌아서 가.

**[2]** 비둘기도 우리의 친구인걸. 친해지려고 노력해 봐.

무서워…

후덜덜

**[3]** 얼마 후

아 자!

이렇게 매일 피해 다닐 수만은 없어! 사생결단이다! 비둘기와 마주하겠어!

레오가 왜 이렇게 안 오지? 비둘기를 만나서 길을 돌아서 오고 있나…

**[4]** 내가 도와줘야겠어!

**[5]** 이제 비둘기가 너무 귀여운걸!

**표현력** '사생결단' 어떻게 쓰일까요?

(1) 나는 이번 시험에 **사생결단**으로 공부를 열심히 하겠어.

(2) 시호는 가위바위보도 **사생결단**을 낼 듯이 덤벼들어서 좀 무서워.

 **어휘력** 닮은 꼴 관용 표현으로, 둘 중 알맞은 말에 O 하세요.

(1) ( 살기 / 죽기 ) 아니면 까무러치기

(2) ( 비 / 기 )를 쓰다

> **도움**
> (1) 죽을 만큼 온갖 위험을 무릅쓰고 모든 힘을 다함을 뜻해요.
> (2) 있는 기, 힘을 다한다는 뜻이에요.

 **독해력** 대화를 읽고 밑줄 친 말과 바꿀 수 있는 말은 무엇일까요?

> 😊 아침에 일찍 일어나는 게 너무 힘들어. 아무래도 안 되겠어.
> 🐑 승범아, 어떻게 하려고?
> 😊 <u>사생결단으로 노력하겠어!</u>

① 자고 싶은 만큼 자야겠어!

② 일부러 열심히 일어나지 않으려고 노력하겠어!

③ 알람도 많이 맞춰 두고 온 힘을 다해 노력하겠어!

# 목요일 사필귀정 事必歸正

**한자의 음과 뜻** 일 **사** | 반드시 **필** | 돌아갈 **귀** | 바를 **정**

처음에는 잘못되더라도 무슨 일이든 반드시 옳은 방향으로 돌아간다는 뜻이에요. 올바르지 못한 것이 잘되는 것처럼 보일 때가 있어도 결국에는 실패하니 정직하게 행동하도록 해요.

얘들아, 나가서 놀자!

레오야, 밖에 엄청 추워. 오늘은 집 안에서 놀자~.

너희들 약하구나! 이 정도 추위쯤이야. 그럼 나 혼자 나가서 놀고 올게~.

다음 날

레오는 왜 등교하지 않았지?

레오 감기 걸렸대.

역시 사필귀정이라고 우리를 약한 애들이라고 놀리더니 이럴 줄 알았어.

으...으...

**표현력** '사필귀정' 어떻게 쓰일까요?

(1) 수업 시간에 딴짓을 하던 선아는 **사필귀정**이라고 결국 선생님께 혼났어.

(2) **사필귀정**이라고 거짓말을 하면 언젠가는 들통이 나서 큰코다치게 될 거야.

 **어휘력** 이어질 말을 찾아 줄로 연결하세요.

(1) 사필귀정이라고 숨어 지내던  •          • 사필귀정이라고 시험을 망쳤대.

(2) 시험을 우습게 보던 현수는  •          • 범인이 결국 잡혔대.

 **독해력** 오늘 배운 사자성어와 어울리는 상황의 친구를 찾으세요.

① 달리기를 잘한다고 연습을 하지 않아 결국 꼴등을 한 아랑이

② 갖고 싶은 장난감을 사기 위해 동생 용돈을 빼앗은 견우

③ 장래 희망을 찾기 위해 좋아하는 것을 생각해 보는 도윤이

금요일

# 살신성인 殺身成仁

**한자의 음과 뜻** 죽일 살 | 몸 신 | 이룰 성 | 어질 인

자신의 몸을 죽여 인을 이룬다는 뜻으로 다른 사람을 위해 자신을 희생하는 것을 말해요. '인'은 남을 사랑하고 착하게 행동하는 것으로, 남을 먼저 생각하고 행동하는 사람에게 사용해요.

**표현력** '살신성인' 어떻게 쓰일까요?

(1) 뉴스에 **살신성인**으로 곤경에 빠진 사람을 구한 훌륭한 분이 나왔어.

(2) 불이 나면 소방관들은 **살신성인**으로 불길에 뛰어들어.

 **어휘력** 이어질 말을 찾아 줄로 연결하세요.

(1) 아픈 환자를 보면　　•　　　•　생명을 구하다 다친 경찰관을 보았어.

(2) 살신성인의 정신으로　•　　　•　의사들은 살신성인의 자세로 열심히 치료한대.

 **독해력** 빈칸에 들어갈 말은 무엇일까요?

할아버지는 덥다고 투정 부리는 나와 동생을 위해 끊임없이 부채질을 해 주셨어.

살신성인이라고 할아버지도 더우실 텐데 너희를 위해 　　　　 하신 걸 잊지 마.

① 분노　　　　　② 희생　　　　　③ 집중　　　　　④ 공부

# 쓰기 능력 키우기

**선을 따라 글자를 쓰면서 배운 내용을 익히세요.**

TV에서 ✓ 어떤 ✓ 아빠가 ✓ 자신의 ✓ 아이를 ✓ 구해 ✓ 준 ✓ 사람에게 ✓

| 백 | 골 | 난 | 망 |
|---|---|---|---|

✓ 하다고 ✓ 말하더라고.

이번 ✓ 음악 ✓ 시험은 ✓ 피아노 ✓ 치면서 ✓ 노래하기인데 ✓

나는 ✓ 연습을 ✓ 하나도 ✓ 하지 ✓ 않아서 ✓

| 사 | 면 | 초 | 가 |
|---|---|---|---|

에 ✓ 빠졌어.

이번 ✓ 수학 ✓ 시험은 ✓

| 사 | 생 | 결 | 단 |
|---|---|---|---|

의 ✓ 마음으로 ✓ 임할 ✓ 거야.

친구들을 ✓ 놀리던 ✓ 승규는 ✓

| 사 | 필 | 귀 | 정 |
|---|---|---|---|

이라고 ✓

본인도 ✓ 친구들에게 ✓ 놀림을 ✓ 받았어.

군인들은 ✓

| 살 | 신 | 성 | 인 |
|---|---|---|---|

의 ✓ 정신으로 ✓ 우리나라를 ✓ 지킨대.

# 쉬어 가는 페이지

## 사자성어 뜻 찾기

왼쪽 사자성어의 알맞은 뜻을 찾아 줄로 연결하세요.

| | |
|---|---|
| **살신성인** • | • 다른 사람을 위해 자신을 희생한다는 뜻 |
| **사필귀정** • | • 아무에게도 도움을 받지 못한다는 뜻 |
| **사면초가** • | • 처음에는 잘못됐더라도 반드시 옳은 방향으로 돌아간다는 뜻 |
| **백골난망** • | • 다른 사람이 베풀어 준 은혜를 잊지 않겠다는 뜻 |
| **사생결단** • | • 위기의 순간에 목숨을 걸고 온 힘을 다한다는 뜻 |

# 새옹지마 塞翁之馬

**한자의 음과 뜻** 변방 **새** | 늙은이 **옹** | 어조사 **지** | 말 **마**

변방에 사는 늙은이의 말이란 뜻으로 세상일의 좋고 나쁨을 예측할 수 없다는 말이에요. 그러니 좋은 일이 생겼다고 자만하거나, 나쁜 일이 생겼다고 시무룩할 것도 없어요.

버스 도착했는데
왜 유자가 안 오지? 할 수 없지 뭐~.
나 혼자 타야지.

버스를 놓쳤네.
어떡하지.

으악,
너무 좁아.

오! 이 버스는 빈자리가 많네.
레오가 탄 버스보다
편하게 갈 수 있겠어.

텅텅~

새옹지마라더니
나도 다음 버스 탈걸 그랬어.

너덜

너덜

**표현력** '새옹지마' 어떻게 쓰일까요?

(1) 대준이는 작년에 꼴찌였는데 **새옹지마**라고 올해는 1등을 했대.

(2) 가은이는 용돈이 많다고 자랑하더니 **새옹지마**라고 이제 공책 살 돈이 없대.

 **어휘력** 닮은 꼴 속담에 O, 닮지 않은 속담에 X 하세요.

(1) 양지가 음지 되고 음지가 양지 된다 (     )

(2) 한데 앉아서 음지 걱정한다 (     )

> **도움**
> (1) 운이 나쁜 사람도 좋은 수를 만날 수 있고, 운이 좋은 사람도 어려운 시기가 있다는 말로, 세상에서 일어나는 일은 늘 돌고 돈다는 뜻이에요.
> (2) 자기 일도 못 꾸려 가면서 남의 걱정을 한다는 뜻이에요.

 **독해력** 오늘 배운 사자성어를 말해 주면 좋은 친구의 이름을 써 보세요.

| 준상 | 은하 |
|---|---|
| 길에서 개똥을 밟았는데 엄마가 마침 운동화가 낡았다고 새 운동화를 사 주셨어. | 나도 새 운동화가 사고 싶은데 개똥을 밟으면 될까? 집에 가며 길을 열심히 살펴봐야겠어. |

# 선견지명 先見之明

한자의 음과 뜻 먼저 선 | 볼 견 | 어조사 지 | 밝을 명

앞을 내다보는 안목이라는 뜻으로 어떤 일이 일어나기 전에 미리 앞을 내다보는 지혜를 이르는 말이에요. 우리는 눈앞의 지금만 보는 것이 아니라 미래를 내다볼 수 있어야 해요.

**표현력** '선견지명' 어떻게 쓰일까요?

(1) 영지가 **선견지명**이 있나 봐. 영지가 짚어 준 문제들이 시험에 많이 나왔어.

(2) 아빠의 **선견지명**으로 우산을 챙겨서 등교했었는데 하굣길에 비가 내렸어.

 **어휘력** 닮은 꼴 관용 표현에 O, 닮지 않은 관용 표현에 X 하세요.

(1) 발이 빠르다 (    )

(2) 감이 빠르다 (    )

**도움**
(1) 알맞은 조치를 신속하게 취한다는 뜻이에요.
(2) 어떤 사실에 대한 앞을 내다보는 능력이 뛰어나다는 뜻이에요.

 **독해력** 글을 읽고 느낀 점으로 가장 알맞은 말을 찾으세요.

세준이가 친구들에게 자꾸 학용품을 선물해 주는 거야. 나와 친구들은 고맙다고 받았지만 현아는 이상하다고 했어. 알고 보니 세준이가 부모님 문방구에서 몰래 가져온 것들이었지. 현아는 선견지명이 있는 것 같아.

① 부모님 문방구에서 학용품을 가져온 게 뭐가 어때.

② 눈앞에 있는 것만 볼 것이 아니라 멀리 내다보는 눈을 길러야겠어.

③ 친구를 의심하는 건 좋지 않아.

수요일

# 설상가상 雪上加霜

**한자의 음과 뜻** 눈 설 | 윗 상 | 더할 가 | 서리 상

눈 위에 다시 서리가 내려 쌓인다는 뜻으로 좋지 않은 일이 연속해서 일어
난다는 말이에요. 힘든 일이 있는데 또 힘든 일이 이어질 때 사용해요.

애들이 왜 이렇게 안 오지?

그러게 말이야, 너무 추운데.

추워

눈까지 내리고 있어!

으아앙~.

덜덜

덜덜

얘들아, 너무 미안해.

우리가 너무 미안해서 아이스크림을 사 왔어. 자, 먹어.

심각

이렇게 춥고 눈이 오는데 차가운 아이스크림을 먹으라고?

정말 설상가상이네.

**표현력** '설상가상' 어떻게 쓰일까요?

(1) 동생에 이어 **설상가상**으로 언니까지 빗길에 넘어지다니 정말 조심해야겠어.

(2) 지각인데 **설상가상**으로 버스까지 늦게 오네.

 **어휘력** 닮은 꼴 속담으로, 둘 중 알맞은 말에 O 하세요.

(1) 갈수록 ( 태산 / 낮은 산 )

(2) 눈 앓는 놈 ( 고춧가루 / 설탕 가루 ) 넣기

> **도움**
> (1) 태산은 높고 큰 산으로, 갈수록 더욱 어려운 일에 빠진다는 뜻이에요.
> (2) 멀쩡한 눈도 견디기 힘든 고춧가루를 앓는 눈에 뿌린다는 뜻으로, 몹시 나쁜 결과를 가져올 때 하는 말이에요.

 **독해력** 대화를 읽고 밑줄 친 말과 바꿀 수 있는 말은 무엇일까요?

🐶 요즘 왜 이렇게 비가 내리지 않지?

🐱 그러게. 가뭄이라 지금 곡식들도 다 말라 가고 있대.

🐶 <u>설상가상</u>이네.

① 좋지 않은 일이 계속 일어나네.

② 설마 곧 비가 내리겠지.

③ 기우제를 지내야 하나.

# 소탐대실 小貪大失

**한자의 음과 뜻** 작을 소 | 탐할 탐 | 큰 대 | 잃을 실

작은 것을 탐하다가 큰 것을 잃게 된다는 뜻이에요. 눈앞에 이익만 보고서 큰 것을 보지 못하면 오히려 더 큰 손해를 볼 수 있는 상황에서 사용해요.

유자야, 청소 좀 제대로 해.

빨리빨리 하자. 나 집에 빨리 가고 싶어.

다른 친구들도 다 집에 빨리 가고 싶은데 열심히 청소하잖아.

다 했다~. 나 간다!

친구들, 고생했어요. 선생님이 선물을 줄게요.

유자는 집에 일찍 가는 바람에 소탐대실이네.

**표현력** '소탐대실' 어떻게 쓰일까요?

(1) 친구에게 장난을 쳤다가 친구와 사이가 멀어져서 **소탐대실**이 되었어.

(2) 옛날 중국의 촉나라 왕비는 보석에 눈이 멀어 나라를 잃었대. 그야말로 **소탐대실**이지.

 **어휘력** 이어질 말을 찾아 줄로 연결하세요.

(1) 식당이 음식값을 터무니없이 올려서 •　　　• 욕심을 부리면 더 큰 걸 잃게 돼.

(2) 소탐대실이라고　　　　　　　•　　　• 소탐대실로 손님이 반으로 줄었대.

 **독해력** 오늘 배운 사자성어와 어울리는 상황의 친구를 찾으세요.

① 소풍 전날 설렘에 밤잠을 이루지 못하는 준호

② 키가 크고 싶어서 열심히 운동하는 택연

③ 동생 간식을 조금 빼앗아 먹다가 동생이랑 크게 싸운 명철

# 속수무책 束手無策

**한자의 음과 뜻** 묶을 속 | 손 수 | 없을 무 | 계책 책

손이 묶여 어떠한 계책도 세울 수 없다는 뜻으로 뻔히 보면서 아무런 방법도 쓰지 못한다는 말이에요. 눈앞에 일어난 상황을 보고 어찌할 방법이 없는 답답한 상황에서 사용해요.

**표현력** '속수무책' 어떻게 쓰일까요?

(1) 바다로 여름휴가를 가는데 고속 도로에 차가 꽉 막혀서 **속수무책**이었어.

(2) 집에 가는 길에 갑자기 비가 내려서 **속수무책**으로 맞고 말았어.

 **어휘력** 닮은 꼴 속담으로, 둘 중 알맞은 말에 O 하세요.

(1) 줄이 끊어진 ( 연 / 고무줄 ) 쳐다보는 격

(2) 배곯고 있을 게 있나 ( 우유 / 약과 )라도 먹고 있지

> **도움**
> (1) 줄이 끊어진 연을 멍청히 바라보듯 돌이킬 수 없는 일을 저질러 놓고 아쉬워하면서 속수무책으로 있는 경우를 뜻해요.
> (2) 하다못해 약과라도 먹을 일이지 왜 굶고 있느냐는 뜻으로, 어떤 대책을 제때 취하지 못하고 속수무책으로 있는 경우를 말해요.

 **독해력** 빈칸에 들어갈 말은 무엇일까요?

> 성재가 책을 읽고 너무 슬프다고 계속 우는 거야. 달래도 소용이 없더라고.

> 속수무책이라고 아무런      도 통하지 않았구나.

① 거짓말      ② 상담      ③ 간식      ④ 방법

## 쓰기 능력 키우기

**선을 따라 글자를 쓰면서 배운 내용을 익히세요.**

인생은 ∨ | 새 | 옹 | 지 | 마 | 라고 ∨ 불행이 ∨ 행운을 ∨ 가져다주기도 ∨ 한대.

선생님이 ∨ 오늘 ∨ 깜짝 ∨ 시험을 ∨ 볼 ∨ 거라는 ∨ 상준이의 ∨

| 선 | 견 | 지 | 명 | 은 ∨ 정확했어.

지각을 ∨ 했는데 ∨ | 설 | 상 | 가 | 상 | 으로 ∨ 준비물도 ∨ 가져오지 ∨ 않았어.

삼촌은 ∨ | 소 | 탐 | 대 | 실 | 이라고 ∨ 돈을 ∨ 많이 ∨ 벌려다가 ∨ 건강이 ∨

나빠졌대.

몇 ∨ 년 ∨ 전부터 ∨ 전 ∨ 세계를 ∨ 휩쓴 ∨ 바이러스 ∨ 때문에 ∨

| 속 | 수 | 무 | 책 | 으로 ∨ 많은 ∨ 사람이 ∨ 아팠어.

# 쉬어 가는 페이지

## 사자성어 익히는 미로 찾기

힌트 속 빈 곳에 들어갈 글자를 찾으며 길을 따라 도착까지 가 보세요.

힌트 1. ○○대실 2. 설상○○ 3. ○○지마 4. 선견○○ 5. ○○무책

# 수수방관 袖手傍觀

**한자의 음과 뜻** 소매 수 | 손 수 | 곁 방 | 볼 관

팔짱을 끼고 곁에서 구경만 한다는 뜻으로 어떤 일에 간섭하거나 거들지 않고 보고만 있는 것을 말해요. 누군가 어려움에 부닥쳤을 때 적극적으로 도와주는 친구가 되도록 해요.

뭉식아, 너….

유자야, 조금 이따가 이야기하면 안 될까? 나 지금 그림 그리기에 집중하고 싶어.

응….

이게 뭐야~~. 유자야, 왜 수수방관한 거야?

네가 조금 이따가 이야기하자고 했잖아!

**표현력** '수수방관' 어떻게 쓰일까요?

(1) 선생님께서 친구들이 싸우면 **수수방관**하지 말라고 하셨어.

(2) 준서는 강아지를 **수수방관**했더니 강아지가 준서의 옷에 오줌을 싸고 말았어.

 **어휘력** 닮은 꼴 관용 표현에 O, 닮지 않은 관용 표현에 X 하세요.

(1) 불 보듯 뻔하다 (　　　)

(2) 강 건너 불구경 (　　　)

> **도움**
> (1) 앞으로 일어날 일이 의심할 여지가 없이 뻔하게 보인다는 뜻이에요.
> (2) 자기에게 관계없는 일이라고 하여 무관심하게 방관한다는 뜻이에요.

 **독해력** 글을 읽고 느낀 점으로 가장 알맞은 말을 찾으세요.

수진이는 뭐든 늘 열심히 하는 친구야. 오늘도 수진이는 혼자 교실 책장을 정리했어. 우리는 수진이가 혼자서 잘하길래 아무것도 하지 않았어. 그걸 본 선생님이 우리에게 수수방관하면 안 된다고 하셨어.

① 칭찬이 모자랐나? 다음에는 더 해 줘야겠어.

② 다음에는 수진이가 학급 일을 할 때 도와야겠어.

③ 다음에는 수진이가 하지 못하도록 막아야겠어.

# 어부지리 漁夫之利

**한자의 음과 뜻** 고기 잡을 **어** | 지아비 **부** | 어조사 **지** | 이로울 **리**

어부가 이익을 얻는다는 뜻으로 두 사람이 서로 싸우다 엉뚱한 사람이 이익을 얻게 된다는 말이에요. 욕심을 부리다가는 엉뚱한 사람이 이익을 가져갈 수 있으니 양보하는 마음을 가져요.

얘들아, 아이스크림 먹어!

내가 제일 큰 거 먹어야지.

내가 큰 거 먹을 거거든.

이거 녹겠다. 콩아, 네가 먹어.

어부지리로 내가 제일 큰 걸 먹네!

맙소사….

**표현력** '어부지리' 어떻게 쓰일까요?

(1) 반장 후보가 3명이었는데 2명이 싸워서 **어부지리**로 내가 반장이 됐어.

(2) 앞서 달리던 1, 2등 친구들이 넘어져서 내가 **어부지리**로 1등이 됐어.

 **어휘력** 닮은 꼴 속담으로, 둘 중 알맞은 말에 O 하세요.

(1) ( 죽 / 밥 ) 쑤어 개 준다

(2) 재주는 ( 기린 / 곰 )이 넘고 돈은 주인이 받는다

> **도움**
> (1) 많은 시간과 노력으로 죽을 만들었는데, 개한테 줘서 허망하다는 말이에요. 애써 한 일을 남에게 빼앗긴 상황을 뜻해요.
> (2) 재주는 곰이 넘었는데 돈은 사람이 받는다는 말로, 엉뚱한 사람에게 좋은 일을 한 결과가 되었음을 뜻해요.

 **독해력** 오늘 배운 사자성어를 말해 주면 좋은 친구의 이름을 써 보세요.

**은별**
언니랑 동생이 남은 고기 한 점을 가지고 싸워서 내가 먹었지 뭐야.

**서경**
우리 오빠는 늘 고기를 내게 양보해 줘. 우리 오빠는 정말 착하거든.

# 수요일 오리무중 五里霧中

**한자의 음과 뜻** 다섯 오 | 마을 리 | 안개 무 | 가운데 중

5리를 덮은 짙은 안개 속이라는 뜻으로 5리는 약 2km의 거리예요. 이런 안개 속에서는 아무것도 보이지 않겠죠? 그렇기 때문에 사물이 간 곳이나 상황을 전혀 알 수 없을 때 사용해요.

**표현력** '오리무중' 어떻게 쓰일까요?

(1) 뉴스를 보는데 은행을 털어 간 도둑의 행방이 **오리무중**이라고 하네.

(2) 분명히 색종이를 서랍에 둔 것 같은 데 없어. **오리무중**이네.

 **어휘력** 닮은 꼴 관용 표현에 O, 닮지 않은 관용 표현에 X 하세요.

(1) 갈피를 못 잡다 (    )

(2) 가슴에 못을 박다 (    )

> **도움**
> (1) 일의 갈래나 방향을 잡지 못하고 갈팡질팡한다는 뜻이에요.
> (2) 다른 사람의 마음에 상처를 준다는 뜻이에요.

 **독해력** 대화를 읽고 밑줄 친 말과 바꿀 수 있는 말은 무엇일까요?

> 😀 동물원에서 원숭이가 탈출했대.
> 😮 어머, 그래서 어떻게 됐어?
> 😀 아직 <u>오리무중</u>이야.

① 곧 찾을 것 같아.

② 간 곳을 알 수가 없대.

③ 아무래도 경찰에 신고해야겠대.

목요일

# 온고지신 溫故知新

**한자의 음과 뜻** 익힐 **온** | 옛 **고** | 알 **지** | 새 **신**

옛것을 익히고 새것을 안다는 뜻으로 과거가 바탕이 되어야 미래를 잘 준비할 수 있다는 말이에요. 옛것은 우리 조상들의 지혜가 담겼으니 소중하게 생각하도록 해요.

빨리 집에 가자.

아, 시원하다!

우리는 조상님들한테 감사해야 해.

왜? 그때는 에어컨이 없었잖아.

부채가 있었기에 지금의 선풍기와 에어컨이 있을 수 있는 거야.

맞아. 온고지신 정신을 잊어서는 안 돼.

오~. 유자!

**표현력** '온고지신' 어떻게 쓰일까요?

(1) 온고지신 정신으로 요즘 국악을 공부하는 사람들이 많아졌대.

(2) 온고지신으로 발전시킨 한복 패션이 세계를 놀라게 하고 있어.

 **어휘력** 이어질 말을 찾아 줄로 연결하세요.

(1) 새로운 예절을 만들기 위해서는 •          • 발전해 나가야 하는 것 같아.

(2) 무엇이든 온고지신을 바탕으로 •          • 온고지신이 필요해.

 **독해력** 오늘 배운 사자성어와 어울리는 상황의 친구를 찾으세요.

① 세상에 관심이 많아 뉴스를 매일 챙겨 보는 경호

② 컴퓨터를 좋아해서 컴퓨터 조립에 대해 공부하고 있는 은경

③ 과거가 없는 현재는 있을 수 없다고 옛이야기를 열심히 읽는 동엽

# 금요일 외유내강 外柔內剛

**한자의 음과 뜻** 바깥 **외** | 부드러울 **유** | 안 **내** | 강직할 **강**

겉으로 보기에는 부드러우나 마음속은 꿋꿋하고 굳세다는 뜻이에요. 겉으로는 약해 보여도 마음은 강한 사람이 있어요. 겉으로만 강한 척을 하기보다는 외유내강의 사람이 되도록 해요.

---

뭉식이는 정말 순한 것 같아.

맞아. 순하고 착해서 억울한 일을 당할까 봐 걱정되기도 해.

---

친구들이랑 나눠 먹어야지~.

4,000원입니다.

---

계산이 잘못됐어요. 500원짜리 아이스크림 7개를 샀으니 3,500원이죠.

---

제가 계산을 잘못했네요. 죄송합니다.

앞으로는 계산 잘 부탁드려요.

그랬다니깐.

---

그래서 내가 똑 부러지게 말했어.

뭉식이는 외유내강이었어.

표현력  '외유내강' 어떻게 쓰일까요?

(1) **외유내강** 스타일의 그 야구 선수는 자기 팀을 승리로 이끌었대.

(2) 우리 대통령은 **외유내강**으로 나라를 다스려.

 어휘력  이어질 말을 찾아 줄로 연결하세요.

(1) 가은이는 외유내강이라 •       • 외유내강의 연기를 펼친 배우가 받았대.

(2) 여우 주연상은        •       • 어려운 일을 겪어도 꿋꿋하게 잘 극복해.

 독해력  빈칸에 들어갈 말은 무엇일까요?

우리 선생님은 자상하시고 우리 반의
어려움이 있을 때도 잘 해결해 주세요.

선생님이 외유내강이라고 겉으로는
[            ] 마음은 굳세시구나.

① 세고        ② 부드럽고        ③ 단단하고        ④ 강하고

# 쓰기 능력 키우기

선을 따라 글자를 쓰면서 배운 내용을 익히세요.

이대로 ∨ 재석이의 ∨ 장난을 ∨ | 수 | 수 | 방 | 관 | 하면 ∨

재석이는 ∨ 점점 ∨ 더 ∨ 심한 ∨ 장난을 ∨ 칠 ∨ 거야.

스케이트 ∨ 경기에서 ∨ 1, ∨ 2등 ∨ 선수가 ∨ 부딪혀서 ∨ 넘어지는 ∨ 바람에 ∨

| 어 | 부 | 지 | 리 | 로 ∨ 3등 ∨ 선수가 ∨ 금메달을 ∨ 땄어.

초콜릿을 ∨ 숨겨 ∨ 두었는데 ∨ 어디에다 ∨ 두었는지 ∨

생각이 ∨ 나질 ∨ 않아 ∨ 초콜릿의 ∨ 행방이 ∨ | 오 | 리 | 무 | 중 | 이야.

고전을 ∨ 읽는 ∨ 건 ∨ | 온 | 고 | 지 | 신 | 을 ∨ 위해서야.

겉으로 ∨ 강한 ∨ 척하기보다 ∨ | 외 | 유 | 내 | 강 | 인 ∨ 사람이 ∨

되어 ∨ 보는 ∨ 건 ∨ 어떨까?

## 쉬어 가는 페이지

### 숨어 있는 사자성어 찾기

네모 칸에 숨어 있는 외유내강, 온고지신, 오리무중, 어부지리, 수수방관
사자성어를 찾아 색칠해 보세요.

| 비 | 트 | 겐 | 슈 | 타 | 인 | 오 | 토 |
|---|---|---|---|---|---|---|---|
| 벤 | 온 | 고 | 지 | 신 | 크 | 리 | 마 |
| 담 | 소 | 쉬 | 르 | 후 | 설 | 무 | 스 |
| 과 | 어 | 하 | 이 | 데 | 거 | 중 | 아 |
| 밀 | 부 | 사 | 르 | 트 | 르 | 로 | 퀴 |
| 라 | 지 | 휴 | 외 | 유 | 내 | 강 | 나 |
| 캉 | 리 | 마 | 르 | 크 | 스 | 논 | 스 |
| 니 | 체 | 루 | 수 | 수 | 방 | 관 | 쟁 |

# 용두사미 龍頭蛇尾

**한자의 음과 뜻** 용 용(룡) | 머리 두 | 뱀 사 | 꼬리 미

용의 머리와 뱀의 꼬리라는 뜻으로 처음은 좋지만, 끝이 좋지 않다는 말이에요. 보통 계획을 세우면 끝까지 지키기가 어렵죠? 그럴 때 사용하는 말이에요.

**표현력** '용두사미' 어떻게 쓰일까요?

(1) **용두사미**라고 동생은 그림을 그리면 꼭 끝을 맺지 못해.

(2) 올해는 계획이 **용두사미**가 되지 않도록 잘 지킬 거야.

 **어휘력** 이어질 말을 찾아 줄로 연결하세요.

(1) 영어 공부를 시작했는데 •

(2) 용두사미라고 •

• 만 원을 모으려는데 천 원도 모으지 못했어.

• 책 첫 페이지만 보고 용두사미가 되었어.

 **독해력** 오늘 배운 사자성어를 말해 주면 좋은 친구의 이름을 써 보세요.

| 세형 | 미주 |
|---|---|
| 어제 본 만화 영화는 처음에는 재미있었는데 끝은 별로였어. | 나는 이번 주말에 본 만화 영화가 처음부터 끝까지 너무 재미있었어. |

|  |  |
|---|---|
|  |  |

화요일

# 우유부단 優柔不斷

**한자의 음과 뜻** 넉넉할 우 | 부드러울 유 | 아니 부(불) | 끊을 단

너무 부드러워 맺고 끊지를 못한다는 뜻으로 갈팡질팡 주저하며 결단을 내리지 못하는 것을 말해요. 망설이면서 결정하지 못하는 사람한테 사용해요.

**표현력** '우유부단' 어떻게 쓰일까요?

(1) 오빠는 **우유부단**한 성격 때문에 늘 갈림길에서 고민하다가 지각을 해.

(2) 유진이는 **우유부단**함 때문에 간식을 빨리 고르지 못해 동생들한테 다 빼앗겨.

 **어휘력** 닮은 꼴 속담에 O, 닮지 않은 속담에 X 하세요.

(1) 간다 간다 하면서 아이 셋 낳고 간다 (    )

(2) 가는 날이 장날 (    )

> **도움**
> (1) 그만두겠다고 늘 말은 하면서도 정작 그만두지 못하고 질질 끄는 경우를 뜻해요.
> (2) 일을 보러 가니 장이 서는 날이라는 뜻으로, 어떤 일을 하려고 하는데 뜻하지 않은 일을 당함을 이르는 말이에요.

 **독해력** 대화를 읽고 밑줄 친 말과 바꿀 수 있는 말은 무엇일까요?

😊 제시야, 우유 먹을래? 주스 먹을래?

🐶 나는 주스. 아, 아니다 우유! 아, 잠깐 뭐 먹지?

😊 <u>너 우유부단하구나.</u>

① 쉽게 결정을 내리지 못하는 타입이구나.

② 우유 먹어.

③ 그럼 아무것도 줄 수가 없어.

# 유비무환 有備無患

**한자의 음과 뜻** 있을 유 | 갖출 비 | 없을 무 | 근심 환

준비가 있으면 근심이 없다는 뜻으로 어려울 때를 대비해 평소에 준비를 철저하게 한다는 말이에요. 시험공부를 미리 한다면 시험이 두렵지 않을 거예요!

**표현력** '유비무환' 어떻게 쓰일까요?

(1) **유비무환**이라고 자전거를 탈 때는 보호 장비를 갖추어야 해.

(2) 태랑이는 **유비무환**으로 평소 예습 복습을 열심히 하더니 시험에서 1등을 했어.

 **어휘력** 닮은 꼴 속담으로, 둘 중 알맞은 말에 O 하세요.

(1) 넘어지기 전에 ( 지팡이 / 바닥 ) 짚다

(2) 천 리 길도 ( 천 / 한 ) 걸음부터

> **도움**
> (1) 지팡이를 준비하면 잘 넘어지지 않을 수 있듯이 어떤 일에 실패하거나 화를 입기 전에 준비함을 뜻해요.
> (2) 머나먼 천 리 길이라도 한 걸음을 시작하는 것이 중요하듯이 아무리 큰일이라도 그 첫 시작은 작은 일로부터 비롯된다는 뜻이에요.

 **독해력** 글을 읽고 느낀 점으로 가장 알맞은 말을 찾으세요.

> 매해 세뱃돈을 모아 두었는데 얼마 전에 어려운 이웃 돕기 모금을 하는 거야. 나도 조금이나마 모금을 할 수 있어서 마음이 따뜻했어. 유비무환은 꼭 필요한 것 같아.

① 세뱃돈은 꼭 필요한 것 같아.

② 모금으로 세뱃돈을 낸 건 조금 아깝긴 해.

③ 준비를 하는 습관은 정말 좋은 것 같아.

# 이심전심 以心傳心

**한자의 음과 뜻** 써 **이** | 마음 **심** | 전할 **전** | 마음 **심**

서로 마음이 통한다는 뜻으로 말을 주고받지 않아도 서로 느낄 수 있음을 말해요. 친한 친구끼리는 가끔 말하지 않아도 통할 때가 있어요. 그럴 때 사용해요.

**표현력** '이심전심' 어떻게 쓰일까요?

(1) 태오 간식을 챙겨 갔는데 태오도 내 간식을 가져왔어. **이심전심**이었어!

(2) 미술 시간에 좋아하는 걸 그리는데 **이심전심**이라고 은성이와 나는 고양이를 그렸어.

 **어휘력** 닮은 꼴 관용 표현에 O, 닮지 않은 관용 표현에 X 하세요.

(1) 마음이 굴뚝같다 (    )

(2) 마음이 통하다 (    )

> **도움**
> (1) 무엇을 간절히 하고 싶거나 원한다는 뜻이에요.
> (2) 서로 생각이 같아 이해가 잘된다는 뜻이에요.

 **독해력** 오늘 배운 사자성어와 어울리는 상황의 친구를 찾으세요.

① 마음을 담아 크리스마스카드를 쓰는 세호

② 세령이와 크리스마스카드를 서로 동시에 주고받은 연준

③ 친구들에게 크리스마스카드를 많이 받아서 즐거운 은이

**금요일**

# 인과응보 因果應報

**한자의 음과 뜻** 인할 인 | 열매 과 | 응할 응 | 갚을 보

원인과 결과가 서로 이어져 있다는 뜻으로 좋은 일을 하면 좋은 결과를, 나쁜 일을 하면 나쁜 결과를 가져온다는 말이에요. 무슨 일이든 자신이 어떻게 하느냐에 따라 그 결과가 오기 마련이에요.

**표현력** '인과응보' 어떻게 쓰일까요?

(1) 동생이 시험을 망쳤다길래 시험공부를 하지 않았으니 **인과응보**라고 말해 줬어.

(2) 바나나를 먹고 껍질을 바닥에 놓은 오빠가 그걸 밟고 미끄러지고 말았어. **인과응보**지.

 **어휘력** 이어질 말을 찾아 줄로 연결하세요.

(1) 책에서 나쁜 짓을 한 주인공이 •          • 도둑이 경찰에 잡혔대.

(2) 인과응보라고                •          • 인과응보로 벌을 받았어.

 **독해력** 빈칸에 들어갈 말은 무엇일까요?

놀이 기구를 잘 탄다고 허세를 부렸다가 바이킹을 타고 속이 좋지 않았어.

인과응보라고 좋은 일을 하면 좋은 결과를, 나쁜 일을 하면 ☐ 결과를 가져오는 거야.

① 좋은          ② 신나는          ③ 재미있는          ④ 나쁜

# 쓰기 능력 키우기

**선을 따라 글자를 쓰면서 배운 내용을 익히세요.**

그 ∨ 만화 ∨ 처음에는 ∨ 재미있었는데 ∨ | 용 | 두 | 사 | 미 | 라고 ∨

끝에는 ∨ 재미없게 ∨ 끝났어.

| 우 | 유 | 부 | 단 | 한 ∨ 성격 ∨ 때문에 ∨ 민준이는 ∨ 결정을 ∨ 못 ∨ 해.

| 유 | 비 | 무 | 환 | 이라고 ∨ 오늘 ∨ 비가 ∨ 내린다는 ∨

일기 ∨ 예보를 ∨ 보고 ∨ 나는 ∨ 우산을 ∨ 챙겨 ∨ 와서 ∨ 걱정이 ∨ 없어.

수정이와 ∨ 나는 ∨ | 이 | 심 | 전 | 심 | 인 ∨ 친한 ∨ 친구야.

우리가 ∨ 함부로 ∨ 버린 ∨ 플라스틱은 ∨ | 인 | 과 | 응 | 보 | 라고 ∨

미세 ∨ 플라스틱이 ∨ 되어 ∨ 우리에게 ∨ 되돌아온대.

## 사자성어 뜻 찾기

왼쪽 사자성어의 알맞은 뜻을 찾아 줄로 연결하세요.

| | |
|---|---|
| 인과응보 | 갈팡질팡 주저하며 결단을 내리지 못한다는 뜻 |
| 이심전심 | 준비가 되어 있으면 걱정이 없다는 뜻 |
| 우유부단 | 처음은 좋지만, 끝이 좋지 않다는 뜻 |
| 용두사미 | 원인과 결과가 서로 이어져 있다는 뜻 |
| 유비무환 | 말을 주고받지 않아도 서로 느낄 수 있다는 뜻 |

# 일취월장 日就月將

**한자의 음과 뜻** 날 일 | 나아갈 취 | 달 월 | 나아갈 장

하루가 지나면 새로운 것을 이룩하고 한 달이 지나면 크게 앞으로 나아간다는 뜻으로 나날이 발전해 나간다는 말이에요. 실력이 많이 늘었을 때 사용해요.

나는 발레에는 재능이 없는 것 같아.

아니야, 노력하면 되지.

얼마 후

레오야, 이제 발레 엄청나게 잘한다!

응, 뭉식이 말을 듣고 용기를 얻어 정말 열심히 연습했어.

레오야, 정말 일취월장했다! 멋져!

**표현력** '일취월장' 어떻게 쓰일까요?

(1) 독후감을 열심히 썼더니 **일취월장**해서 이제는 독후감 쓰기가 너무 쉬워!

(2) 책 읽기가 어려웠는데 꾸준히 했더니 이제는 **일취월장**해서 독서가 취미가 되었어.

 **어휘력** 이어질 말을 찾아 줄로 연결하세요.

(1) 신인 배우의 연기력이 •　　　　　　• 축구 실력이 엄청 늘었어.

(2) 일취월장해서 민호의 •　　　　　　• 일취월장으로 늘었다.

 **독해력** 오늘 배운 사자성어를 말해 주면 좋은 친구의 이름을 써 보세요.

**준하**
요리 학원에 다녔는데 너무 어렵고 위험해서 포기했어. 봉선이 너는 어때?

**봉선**
나도 처음에는 무섭고 잘하지 못했는데 지금은 요리 실력이 많이 좋아졌어.

| | |
|---|---|
| | |

# 화요일 임기응변 臨機應變

**한자의 음과 뜻** 임할 **임(림)** | 때 **기** | 응할 **응** | 변할 **변**

어떤 일을 당하여 적절하게 반응한다는 뜻으로 그때그때의 형편에 따라 알맞게 일을 처리하는 것을 말해요. 상황에 따라 재치 있게 행동하는 사람은 지혜로워요.

**표현력** '임기응변' 어떻게 쓰일까요?

(1) 레아는 **임기응변**이 뛰어나서 사이가 안 좋은 친구 관계를 잘 풀어 줘.

(2) 이모는 면접에서 **임기응변**으로 재치 있게 대답해서 회사에 합격했대.

 **어휘력** 닮은 꼴 관용 표현에 O, 닮지 않은 관용 표현에 X 하세요.

(1) 머리가 잘 돌아가다 (　　)

(2) 머리를 맞대다 (　　)

> **도움**
> (1) 임기응변으로 생각이 잘 떠오른다는 뜻이에요.
> (2) 어떤 일을 의논하거나 결정하기 위하여 서로 마주 대한다는 뜻이에요.

 **독해력** 글을 읽고 느낀 점으로 가장 알맞은 말을 찾으세요.

용준이는 연극을 하다가 대사를 까먹었대. 처음에는 머릿속이 하얗게 됐는데 임기응변으로 새로운 대사를 생각해 내서 잘 넘어간 거야. 관객들은 용준이가 원래 대사가 아닌 다른 대사를 한 줄 몰랐대.

① 곤란한 상황에 잘 대처하는 것도 지혜로운 거야.

② 대사를 더욱 철저하게 외우라고 해야겠어.

③ 연극을 포기하라고 해야지.

# 입신양명 立身揚名

**한자의 음과 뜻** 설 **입(립)** | 몸 **신** | 날릴 **양** | 이름 **명**

자신의 뜻을 세우고 이름을 날린다는 뜻으로 사회적으로 인정받고 유명해지는 것을 말해요. 그렇다고 무조건 이름을 알리는 게 아니라 좋은 일로 성공하여 이름을 알려야겠죠?

콩과 몽, 뭐 보는 거야?

우리가 좋아하는 아이돌 그룹이 UN에서 연설을 하고 있어.

아이돌 그룹이 UN에 갔다고?

자신을 사랑하세요.

너무 멋있다!

맞아~. 이 그룹 신인 때부터 좋아했는데 이제는 입신양명해서 세계적으로 유명한 그룹이 되었어.

**표현력** '입신양명' 어떻게 쓰일까요?

(1) 삼촌은 **입신양명**하면 한국에 돌아오겠다고 프랑스로 떠났대.

(2) 내 꿈은 외교관이 되어서 **입신양명**하는 거야.

 **어휘력** 이어질 말을 찾아 줄로 연결하세요.

(1) 서우는 전국 피아노 대회에서 •          • 오늘 뉴스에 나왔어.

(2) 우리 고모는 입신양명해서 •          • 1등을 하며 입신양명했어.

 **독해력** 오늘 배운 사자성어와 어울리는 상황의 친구를 찾으세요.

① 친구들이 싸우면 가운데서 조율을 잘하는 하정

② 바둑으로 세계에 이름을 알리고 있는 지윤

③ 나날이 바이올린 실력이 늘고 있는 현아

# 작심삼일 作心三日

**한자의 음과 뜻** 지을 **작** | 마음 **심** | 석 **삼** | 날 **일**

결심한 마음이 3일을 넘기지 못한다는 뜻으로 목표한 것을 끝까지 이루지 못하고 흐지부지하여 쉽게 포기하는 것을 말해요. 그래도 시작을 하면 3일을 넘어 더 꾸준히 해 보는 건 어떨까요?

**표현력** '작심삼일' 어떻게 쓰일까요?

(1) 아빠는 어제부터 다이어트한다고 했는데 **작심삼일**이라고 오늘 포기하시더라고.

(2) 유미는 이틀 전부터 용돈을 아껴 쓴다고 했는데 **작심삼일**이라고 오늘 다 썼대.

 **어휘력** 닮은 꼴 속담에 O, 닮지 않은 속담에 X 하세요.

(1) 하루 세 끼 밥 먹듯 (    )

(2) 사흘 길 하루도 아니 가서 (    )

> **도움**
> (1) 흔히 있을 만한 일로 생각한다는 뜻이에요.
> (2) 오래 두고 할 일에 처음부터 싫증을 내는 경우를 뜻해요.

 **독해력** 대화를 읽고 밑줄 친 말과 바꿀 수 있는 말은 무엇일까요?

상윤아, 숙제를 잘하겠다고 다짐했잖아. 어떻게 된 거야?

그래도 이틀은 잘했다고요.

<u>작심삼일이구나.</u>

① 이틀이나 실천해서 대단한걸.

② 결심한 것을 쉽게 포기하는구나.

③ 오늘부터 다시 결심하는 건 어때?

금요일

# 적반하장 賊反荷杖

**한자의 음과 뜻** 도둑 적 | 되돌릴 반 | 멜 하 | 몽둥이 장

집에 도둑이 들어 주인이 몽둥이를 들어야 하는데 오히려 도둑이 몽둥이를 든다는 뜻으로 잘못한 사람이 도리어 잘한 사람을 나무라는 것을 말해요. 억울한 상황에 사용해요.

**표현력** '적반하장' 어떻게 쓰일까요?

(1) 하진이에게 간식을 나눠 줬는데 그걸 먹고 배탈이 났다고 **적반하장**으로 화를 내는 거 있지.

(2) 언니 책상을 청소해 줬는데 여전히 더럽다고 **적반하장**으로 화를 내는 거야.

 **어휘력** 닮은 꼴 속담으로, 둘 중 알맞은 말에 O 하세요.

(1) ( 방귀 / 콧방귀 ) 뀐 놈이 성낸다

(2) 도둑놈이 ( 주머니 / 몽둥이 ) 들고 길 위에 오른다

> **도움**
> (1) 자기가 방귀를 뀌고 오히려 남 보고 성낸다는 뜻으로, 잘못을 저지른 쪽에서 오히려 남에게 성냄을 말해요.
> (2) 잘못을 저지른 사람이 오히려 몽둥이를 들고 혼내는 것을 뜻해요.

 **독해력** 빈칸에 들어갈 말은 무엇일까요?

> 오빠가 장난을 쳐서 나도 장난을 쳤는데 오빠가 막 화를 내는 거야. 황당했어.

> 적반하장이라고 도둑이 오히려 〔     〕를 든 꼴이었네.

① 요술봉          ② 몽둥이          ③ 사다리          ③ 지팡이

## 쓰기 능력 키우기

**선을 따라 글자를 쓰면서 배운 내용을 익히세요.**

그 ∨ 가수의 ∨ 노래 ∨ 실력은 ∨ 점점 ∨ | 일 | 취 | 월 | 장 | 해서 ∨

지금은 ∨ 최고의 ∨ 경지에 ∨ 도달했다.

운동선수는 ∨ 경기 ∨ 중 ∨ | 임 | 기 | 응 | 변 | 으로 ∨

위기를 ∨ 넘기는 ∨ 것도 ∨ 실력이래.

유학을 ∨ 갔던 ∨ 이모는 ∨ | 입 | 신 | 양 | 명 | 해서 ∨ 돌아왔어.

중국어 ∨ 공부는 ∨ | 작 | 심 | 삼 | 일 | 로 ∨ 끝났어.

언니에게 ∨ 과자 ∨ 부스러기가 ∨ 떨어졌다고 ∨ 했더니 ∨

| 적 | 반 | 하 | 장 | 이라고 ∨ 나한테 ∨ 화를 ∨ 내는 ∨ 거야.

# 쉬어 가는 페이지

## 사자성어 익히는 미로 찾기

힌트 속 빈 곳에 들어갈 글자를 찾으며 길을 따라 도착까지 가 보세요.

힌트 1. ○○월장 2. 적반○○ 3. ○○응변 4. 작심○○ 5. ○○양명

월요일

# 전화위복 轉禍爲福

**한자의 음과 뜻** 구름 전 | 재앙 화 | 할 위 | 복 복

재앙이 복으로 바뀐다는 뜻으로 좋지 않은 일이 오히려 좋은 일이 된 상황을 나타낸 말이에요. 그러니 현재 상황이 좋지 않더라도 마음이 상하지 않도록 해요.

레오야, 버스 시간이 다 되어 가. 가자~.

조금만 더 구경하자!

버스를 놓치고 말았어. 다음 버스까지 한참 기다려야 하는데.

미안해, 뭉식아.

자, 퀴즈 이벤트를 시작하겠습니다! 아시는 분은 손을 들어 주세요. 방귀 뀐 놈이~.

성낸다!

정답입니다~. 사은품으로 과자 한 박스를 드립니다!

뭉식아, 나 때문에 버스 놓쳐서 미안해~. 이거 나눠 먹자.

레오야, 전화위복이네!

사은품

**표현력** '전화위복' 어떻게 쓰일까요?

(1) 학원에 다니지 못한 게 오히려 혼자서 열심히 공부할 수 있는 **전화위복**이 되었어.

(2) 이번 수학 경시대회에서 1등은 못 했지만 **전화위복**의 기회로 삼을 거야.

 **어휘력** 닮은 꼴 관용 표현에 O, 닮지 않은 관용 표현에 X 하세요.

(1) 빛을 보다 (　　)

(2) 물로 보다 (　　)

| 도움 | (1) 업적이나 보람 따위가 드러난다는 뜻이에요. |
| | (2) 사람을 하찮게 보거나 쉽게 생각한다는 뜻이에요. |

 **독해력** 오늘 배운 사자성어를 말해 주면 좋은 친구의 이름을 써 보세요.

| **승기** | **민호** |
| --- | --- |
| 오늘 일기 예보에 눈이 내린다는 말이 없었는데 갑자기 눈이 와서 다 맞고 말았어. | 나는 어제 가방에 넣어 두었던 우산을 미처 빼지 못했는데 눈이 내려서 그 우산을 쓸 수 있었어. |

# 조삼모사 朝三暮四

**한자의 음과 뜻** 아침 **조** | 석 **삼** | 저녁 **모** | 넉 **사**

아침에 3개, 저녁에 4개라는 뜻으로 눈앞에 보이는 차이만 알고 결과가 같은 것을 모르는 어리석은 상황을 말해요. 혹은 간사한 꾀로 남을 속이는 것을 말하기도 해요.

**표현력** '조삼모사' 어떻게 쓰일까요?

(1) 방학이 길어졌다고 좋아했는데 **조삼모사**라고 수업도 그만큼 늘어났대.

(2) 일주일에 5,000원인 용돈과 한 달에 2만 원인 용돈은 어차피 **조삼모사**야.

 **어휘력** 이어질 말을 찾아 줄로 연결하세요.

(1) 더 좋은 조건인 줄 알고 샀는데 •          • 우리 주변에는 꽤 많아.

(2) 조삼모사인 일이                •          • 결국 조삼모사였어.

 **독해력** 글을 읽고 느낀 점으로 가장 알맞은 말을 찾으세요.

아빠가 숙제 1시간, 휴식 1시간을 하라고 하셨는데 나는 친구들과 먼저 놀고 싶다고
했어. 그랬더니 휴식 1시간, 숙제 1시간을 하라고 하셔서 그게 더 나은 것 같아서 좋
다고 했지. 하지만 조삼모사였어.

① 노는 게 먼저인 게 무조건 좋아.

② 놀고 나서 숙제를 다시 미뤄 달라고 하면 되지 않을까?

③ 어차피 결과는 같은 거였어.

# 주객전도 主客顚倒
수요일

**한자의 음과 뜻** 주인 **주** | 손 **객** | 넘어질 **전** | 거꾸로 **도**

주인과 손님이 뒤바뀌었다는 뜻으로 앞뒤의 차례나 역할 등이 서로 뒤바뀐 상황을 말해요. 중요한 것과 중요하지 않은 것이 서로 바뀌었을 때 사용해요.

**표현력** '주객전도' 어떻게 쓰일까요?

(1) 실력이 뛰어난 축구 선수가 잘생긴 외모로만 평가받는 건 주객전도야.

(2) 음식점 중에 음식 맛보다는 인테리어에만 신경 쓰는 주객전도인 곳들이 있어.

 **어휘력** 닮은 꼴 속담으로, 둘 중 알맞은 말에 O 하세요.

(1) 배보다 ( 가슴 / 배꼽 )이 더 크다

(2) 개 꼬리가 개 ( 몸뚱이 / 머리 )를 흔든다

> **도움**
> (1) 배보다 거기에 붙은 배꼽이 더 크다는 뜻으로, 기본이 되는 것보다 덧붙이는 것이 더 많거나 큰 경우를 이르는 말이에요.
> (2) 개 꼬리가 개 몸을 흔든다는 뜻으로, 중심이 아닌 것이 중심을 좌지우지한다는 말이에요.

 **독해력** 대화를 읽고 밑줄 친 말과 바꿀 수 있는 말은 무엇일까요?

재윤아, 저번에 빌려준 책 다 읽었어?

아니, 독서대를 사야 읽을 수 있을 것 같아. 어떤 독서대를 사면 좋을까?

주객전도네.

① 독서대는 내가 추천하는 게 최고지.

② 나는 아는 독서대가 없어서 추천해 줄 수 없네.

③ 독서대보다 책을 읽는 게 중요하지 않을까?

# 목요일 죽마고우 竹馬故友

**한자의 음과 뜻** 대나무 죽 | 말 마 | 옛 고 | 벗 우

대나무로 만든 말을 타고 함께 놀던 친구라는 뜻으로 어려서부터 친하게 지낸 친구를 말해요. 지금 친구들과도 계속 친하게 지낸다면 죽마고우가 되는 거예요.

**표현력** '죽마고우' 어떻게 쓰일까요?

(1) 엄마는 죽마고우인 친구들과 아직도 재미있게 지내셔.

(2) 요즘 텔레비전에 나오는 밴드 중에 죽마고우가 모여서 만든 밴드가 있대.

 **어휘력** 닮은 꼴 속담에 O, 닮지 않은 속담에 X 하세요.

(1) 친구는 옛 친구가 좋고 옷은 새 옷이 좋다 (    )

(2) 친구 따라 강남 간다 (    )

> **도움**
> (1) 친구는 오래 사귄 친구일수록 정이 두텁고 깊어서 좋다는 뜻이에요.
> (2) 자기는 하고 싶지 않은데 남에게 끌려서 덩달아 하게 됨을 뜻해요.

 **독해력** 오늘 배운 사자성어와 어울리는 상황의 친구를 찾으세요.

① 희철이와 대나무 숲에 놀러 간 은혁

② 시원이와 어린이집 때부터 친구인 규현

③ 성호와 말다툼을 하게 된 지현

# 금요일 천고마비 天高馬肥

**한자의 음과 뜻** 하늘 천 | 높을 고 | 말 마 | 살찔 비

가을 하늘이 높으니 말이 살찐다는 뜻으로 가을은 날씨가 매우 좋은 계절임을 말해요. 가을에는 푸른 하늘도 많이 볼 수 있고, 풍성한 곡식을 먹을 수도 있어요.

**표현력** '천고마비' 어떻게 쓰일까요?

(1) 천고마비의 계절이 지나면 겨울이 오지.

(2) 가을은 천고마비라 벼가 황금색으로 익어.

 **어휘력** 이어질 말을 찾아 줄로 연결하세요.

(1) 가을이 시작된다는 입추니 •     • 아직도 너무 덥다.

(2) 천고마비의 계절인데     •     • 곧 천고마비의 계절이 오겠어.

 **독해력** 빈칸에 들어갈 말은 무엇일까요?

요즘 식욕이 너무 좋아서 밥을 많이 먹고 있어.

천고마비라고 가을 하늘은 높고 ___ 이 살찌는 계절이야.

① 새          ② 말          ③ 꿩          ④ 양

## 쓰기 능력 키우기

**선을 따라 글자를 쓰면서 배운 내용을 익히세요.**

다리를 ∨ 다쳐서 ∨ 밖에 ∨ 나가지 ∨ 못하는데 ∨ 오히려 ∨

| 전 | 화 | 위 | 복 |
|---|---|---|---|

의 ∨ 기회로 ∨ 삼아 ∨ 공부를 ∨ 열심히 ∨ 하기로 ∨ 했어.

| 조 | 삼 | 모 | 사 |
|---|---|---|---|

로 ∨ 속이려는 ∨ 사람은 ∨ 늘 ∨ 조심해야 ∨ 해.

세정이네 ∨ 놀러 ∨ 갔는데 ∨ 세정이 ∨ 방이 ∨ 너무 ∨ 더러워서 ∨

| 주 | 객 | 전 | 도 |
|---|---|---|---|

라고 ∨ 내가 ∨ 청소해 ∨ 주고 ∨ 왔지 ∨ 뭐야.

현철 ∨ 아저씨는 ∨ 우리 ∨ 아빠랑 ∨

| 죽 | 마 | 고 | 우 |
|---|---|---|---|

래.

| 천 | 고 | 마 | 비 |
|---|---|---|---|

의 ∨ 계절에는 ∨ 감이 ∨ 맛있지.

# 쉬어 가는 페이지

## 숨어 있는 사자성어 찾기

네모 칸에 숨어 있는 천고마비, 죽마고우, 주객전도, 조삼모사, 전화위복
사자성어를 찾아 색칠해 보세요.

| 태 | 정 | 태 | 세 | 문 | 단 | 세 | 조 |
|---|---|---|---|---|---|---|---|
| 피 | 천 | 고 | 마 | 비 | 제 | 논 | 삼 |
| 타 | 소 | 전 | 디 | 에 | 톤 | 스 | 모 |
| 고 | 피 | 화 | 오 | 피 | 죽 | 토 | 사 |
| 라 | 스 | 위 | 게 | 쿠 | 마 | 아 | 파 |
| 스 | 트 | 복 | 네 | 로 | 고 | 학 | 르 |
| 주 | 객 | 전 | 도 | 스 | 우 | 파 | 메 |
| 아 | 리 | 스 | 토 | 텔 | 레 | 스 | 니 |

# 청출어람 靑出於藍

**한자의 음과 뜻** 푸를 청 | 날 출 | 어조사 어 | 쪽 람

'쪽'이라는 풀의 잎으로 만든 푸른색이 원래 쪽빛보다 더 푸르다는 뜻으로 제자가 스승보다 더 나음을 이르는 말이에요. 선생님보다 더 훌륭하다는 칭찬만큼 더 좋은 칭찬이 있을까요?

**표현력**   '청출어람' 어떻게 쓰일까요?

(1) 수영 대회에서 스승과 제자가 경쟁했는데 **청출어람**이라고 제자가 이겼대.

(2) 지수가 엄청나게 노력하더니 **청출어람**이라고 이제는 형보다 피아노를 더 잘 친대.

 **어휘력**   닮은 꼴 속담에 O, 닮지 않은 속담에 X 하세요.

(1) 송곳니를 가진 호랑이는 뿔이 없다 (    )

(2) 나중 난 뿔이 우뚝하다 (    )

> **도움**
> (1) 호랑이에게는 뿔이 없다는 뜻으로 모든 것을 다 갖출 수는 없다는 말이에요.
> (2) 나중에 생긴 것이 먼저 것보다 훨씬 낫다는 뜻이에요.

 **독해력**   오늘 배운 사자성어를 말해 주면 좋은 친구의 이름을 써 보세요.

> **동훈**
> 선생님이 연구하는 수학 이론을 내게 전수하기로 하셨어.

> **진경**
> 선생님과 수학 경시대회 문제를 함께 풀어 봤는데 내 점수가 더 높았어.

# 타산지석 他山之石

**한자의 음과 뜻** 다를 **타** | 뫼 **산** | 어조사 **지** | 돌 **석**

다른 산에 있는 돌이라 해도 나의 옥을 가는 데 큰 도움이 된다는 뜻이에요.
다른 사람의 잘못된 말과 행동을 통해 나도 뉘우치고 커다란 교훈을 얻을
수 있어요.

레오야, 왜 그렇게 의자에
꼿꼿하게 앉아 있는 거야?

어제 유자가 허리가 아파서
병원에 갔는데 입원했대.
주사도 2대나 맞았대.

어머, 유자 허리는
왜 아픈 거야?

평소 의자에 삐딱하게
앉아 있었던 게 문제였대.
그래서 나도 이렇게
바른 자세로 앉아 있는 거야.

아, 그랬구나.
레오가 유자를 보고
타산지석으로 삼았구나.

**표현력** **'타산지석' 어떻게 쓰일까요?**

(1) 석호의 거친 말을 보고 **타산지석** 삼아 나는 고운 말만 사용하기로 했어.

(2) 나쁜 일을 보면 우리는 **타산지석** 삼아 바른 행동을 하도록 노력해야 해.

 **어휘력** **이어질 말을 찾아 줄로 연결하세요.**

(1) 벼락치기로 공부한 영주를 •　　　• 타산지석 삼아 나는 깨끗하게 먹어야지.

(2) 음식을 흘리며 먹는 호야를 •　　　• 타산지석 삼아 나는 매일 꾸준히 공부할 거야.

 **독해력** **글을 읽고 느낀 점으로 가장 알맞은 말을 찾으세요.**

빈이가 우산을 사러 갔는데 아빠가 튼튼한 우산을 사라고 했지만 빈이는 예쁜 디자인의 우산을 샀대. 그런데 오늘 세찬 비에 빈이 우산이 부러진 거야. 빈이를 보고 타산지석 삼기로 했어.

① 나는 빈이보다 더 예쁜 우산을 사야지.

② 빈이의 경험을 교훈 삼아 앞으로 우산은 튼튼한 걸로 사야겠어.

③ 세찬 비에는 예쁜 우산을 들고 나가지 말아야지.

수요일

# 파죽지세 破竹之勢

**한자의 음과 뜻** 깨뜨릴 **파** | 대나무 **죽** | 어조사 **지** | 기세 **세**

대나무를 쪼개듯 단호하고 맹렬한 기세를 뜻하며 그 기세가 너무 세서 당할
자가 없음을 이르는 말이에요. 강한 힘을 가졌을 때 사용해요.

**표현력**  '파죽지세' 어떻게 쓰일까요?

(1) 명절에 친척들이 모여 윷놀이를 했는데 엄마가 **파죽지세**로 이겨서 1등을 하셨어.

(2) 내가 좋아하는 어린이 프로그램이 **파죽지세**로 시청률이 오르고 있대.

 **어휘력**  닮은 꼴 속담에 O, 닮지 않은 속담에 X 하세요.

(1) 산도 허물고 바다도 메울 기세  (       )

(2) 달팽이가 바다를 건너다니  (       )

> **도움**
> (1) 그 어떤 어려운 일도 해내려는 왕성한 기세를 말해요.
> (2) 도저히 불가능한 일이라 말할 거리도 안 된다는 말이에요.

 **독해력**  대화를 읽고 밑줄 친 말과 바꿀 수 있는 말은 무엇일까요?

    이번에 새로 나온 블루 아이돌 봤어?

    응응, 데뷔하자마자 음악 방송 1위를 했더라고.

    오, <u>파죽지세</u>구나.

① 아슬아슬하다.

② 너무 빨리 올라가는 거 아냐.

③ 거칠 것 없이 쭉쭉 나아가는구나.

# 풍전등화 風前燈火

**한자의 음과 뜻** 바람 **풍** | 앞 **전** | 등불 **등** | 불 **화**

바람 앞의 등불이라는 뜻으로 언제 꺼질지 모르는 등불처럼 매우 위급한 처지의 상황을 이르는 말이에요. 금방이라도 일이 크게 터질 듯한 아슬아슬한 상태에서 사용해요.

라미야, 평소에는 집에 빨리 가고 싶어 하더니 오늘은 왜 꾸물거려?

응? 아니야. 걸어가고 있는걸.

그러게, 라미 이상한데? 오늘 보니 어깨도 처진 것 같고 말이야.

사실은 아까 성적표 받았잖아. 집에 가는 발걸음이 너무 무거워.

라미의 마음이 지금 풍전등화구나.

그러게, 시험공부 좀 열심히 하라니까.

유자, 너 불난 집에 부채질하냐!

**표현력** '풍전등화' 어떻게 쓰일까요?

(1) 회장이 되고 싶었는데 내 표가 많이 나오지 않아 마음이 **풍전등화**였어.

(2) 탁구 시합에서 우리 편이 큰 점수 차이로 지고 있어. **풍전등화**인 상황이야.

 **어휘력** 닮은 꼴 관용 표현으로, 둘 중 알맞은 말에 O 하세요.

(1) ( 손등 / 발등 )에 불이 떨어지다

(2) 막다른 ( 골목 / 거리 )

> **도움**
> (1) 발등에 불이 떨어질 만큼 일이 몹시 급한 상황이라는 뜻이에요.
> (2) 더 이상 길이 없는 골목이라는 뜻으로 어찌할 수 없는 급한 상황을 이르는 말이에요.

 **독해력** 오늘 배운 사자성어와 어울리는 상황의 친구를 찾으세요.

① 등불이 발전하여 지금의 조명이 된 걸 공부한 하준

② 언니의 옷을 몰래 입은 걸 들킨 세화

③ 내일 발표 준비를 열심히 하는 영지

# 화룡점정 畫龍點睛

**한자의 음과 뜻** 그림 화 | 용 룡 | 점 점 | 눈동자 정

용을 그린 다음 마지막으로 눈동자를 그린다는 뜻으로 가장 중요한 부분을 끝내고 완성했다는 말이에요. 일의 마무리를 꼼꼼하고 완벽하게 끝냈을 때 사용해요.

**표현력** '화룡점정' 어떻게 쓰일까요?

(1) 마라톤은 올림픽의 **화룡점정**이야.

(2) 오늘 저녁 식사의 **화룡점정**은 마지막에 마신 수박 주스였어.

 **어휘력** 이어질 말을 찾아 줄로 연결하세요.

(1) 야구 경기의 화룡점정은 •          • 화룡점정은 선물인 것 같아.

(2) 크리스마스 행사의          •          • 9회 말 2아웃에 나온 홈런이었어.

 **독해력** 글을 읽고 빈칸에 들어갈 말을 고르세요.

이번 기말고사도 반에서 1등을 했어.

와아아, 축하해! 화룡점정이라고 용을
그린 다음 마지막          까지 잘
그렸네.

① 꼬리          ② 눈동자          ③ 머리          ④ 눈썹

## 쓰기 능력 키우기

**선을 따라 글자를 쓰면서 배운 내용을 익히세요.**

| 청 | 출 | 어 | 람 | 이라고 ∨ 세호는 ∨ 이제 ∨ 선생님보다도 ∨

그림을 ∨ 잘 ∨ 그린대.

영화감독은 ∨ 실패한 ∨ 영화들을 ∨ | 타 | 산 | 지 | 석 | ∨ 삼아 ∨

새로운 ∨ 영화를 ∨ 만들겠다고 ∨ 했다.

| 파 | 죽 | 지 | 세 | 로 ∨ 우리 ∨ 학교 ∨ 야구 ∨ 팀이 ∨ 승리를 ∨ 하고 ∨ 있어.

전염병을 ∨ 막지 ∨ 못하면 ∨ | 풍 | 전 | 등 | 화 | 의 ∨ 상황이 ∨ 돼.

이번 ∨ 운동회의 ∨ | 화 | 룡 | 점 | 정 | 은 ∨ 우리 ∨ 댄스 ∨ 팀의 ∨ 공연이었어.

## 쉬어 가는 페이지

### 사자성어 뜻 찾기

왼쪽 사자성어의 알맞은 뜻을 찾아 줄로 연결하세요.

화룡점정 •

• 제자가 스승보다 더 낫다는 뜻

파죽지세 •

• 그 기세가 너무 세서 당할 자가 없다는 뜻

타산지석 •

• 다른 사람의 잘못을 통해 커다란 교훈을 얻는다는 뜻

청출어람 •

• 매우 위급한 처지에 있다는 뜻

풍전등화 •

• 가장 중요한 부분을 끝내고 완성했다는 뜻

# 놀면서 배우는
# 초등 필수 사자성어

**초판 1쇄 발행** 2023년 3월 27일

**감수** 하유정
**지은이** 초등국어연구소
**그린이** 유희수
**펴낸이** 민혜영
**펴낸곳** (주)카시오페아 출판사
**주소** 서울시 마포구 월드컵북로 402 KGIT센터 9층 906호
**전화** 02-303-5580 | **팩스** 02-2179-8768
**홈페이지** www.cassiopeiabook.com | **전자우편** editor@cassiopeiabook.com
**출판등록** 2012년 12월 27일 제2014-000277호
**외주디자인** 산타클로스
**편집1** 이수민, 최희윤 | **편집2** 최형욱, 양다은 | **디자인** 최예슬, 권수정
**마케팅** 허경아, 신혜진, 이서우, 이애주 | **경영지원** 장은옥

ISBN 979-11-6827-100-5  63150

이 책은 저작권법에 따라 보호받는 저작물이므로 무단전재와 복제를 금하며, 책의 전부 또는 일부를
이용하려면 반드시 저작권자와 (주)카시오페아 출판사의 서면 동의를 받아야 합니다.

• 잘못된 책은 구입하신 곳에서 바꿔 드립니다.
• 책값은 뒤표지에 있습니다.